El Papa Francisco
nos habla al corazón

Palabras de

desafío

y

esperanza

the WORD
among us®
Press

Publicado por The Word Among Us Press
7115 Guilford Road
Frederick, Maryland 21704
www.wau.org

20 19 18 17 16   1 2 3 4 5

ISBN: 978-1-59325-317-2

Las homilías y discursos del Papa Francisco, incluyendo las
citas bíblicas, son tomadas de la traducción vaticana y pueden
encontrarse en el sitio web de la Santa Sede, www.vatican.va.
Utilizado con permiso de Libreria Editrice Vaticana.

Diseño de portada por David Crosson
Fotografía de portada: Getty Images
Fotografía interior: Catholic News Service

Hecho e impreso en los Estados Unidos de América

Contenido

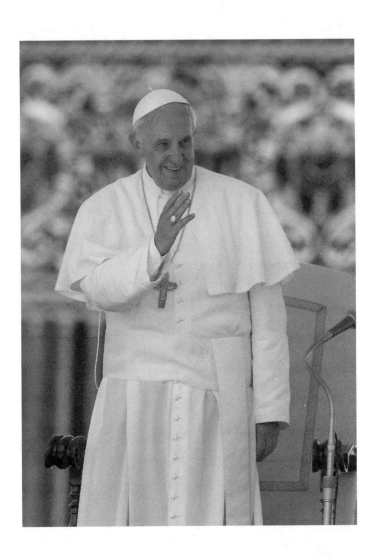

Introducción

Reflexionar en las palabras de cualquier papa nos ayuda a crecer en nuestra fe: después de todo, él es nuestro pastor, es quien nos llama a ser un solo cuerpo en Cristo. Pero el papa Francisco, en particular, tiene un don especial para decir justamente lo que necesitamos escuchar. Sus palabras, como las describe el subtítulo de este libro, son a la vez desafiantes y están llenas de esperanza. Desafiantes, porque él nos llama a salir de nuestras zonas de confort para ser misioneros del amor de Dios en un mundo que necesita desesperadamente escuchar la Buena Noticia. Y llenas de esperanza, porque él continuamente nos señala el amor y la misericordia de Dios, un Padre "que siempre nos espera, ¡aun cuando lo hayamos dejado atrás!"

Estos pequeños extractos han sido tomados de los discursos y las homilías del papa Francisco desde que fue elegido y reflejan los temas sobre los que escuchamos una y otra vez. Entre ellos se encuentran la misericordia de Dios, el escándalo de la pobreza, la necesidad de "salirnos de nosotros mismos" para evangelizar, el llamado a la unidad de la Iglesia y el desafío de convertirnos en verdaderos discípulos de Jesús y no en "cristianos de tiempo parcial". Francisco se ha dado a conocer por su forma simple y aterrizada de comunicar estas verdades, y su genio y capacidad de mostrarnos cómo debemos vivir nuestra fe de maneras reales y tangibles. Y mientras él no duda en decirnos las cosas duras que necesitamos oír, también nos asegura que nuestro Dios es un Dios misericordioso que nunca se cansa de perdonarnos.

Esperamos que usted sea bendecido por medio de las palabras del papa Francisco, tanto como lo fuimos nosotros al recopilarlas para este libro. Junto con la Iglesia universal, oramos para que el pontificado de Francisco continúe inspirándonos y fortaleciéndonos a cada uno de nosotros para que podamos acercarnos más al Señor y atendamos el llamado de "...vayan y hagan discípulos de todas las naciones" (Mateo 29, 19).

The Word Among Us Press

El tierno amor de Dios

El nombre de Dios es amor

Reconocemos que Dios no es una cosa vaga, nuestro Dios no es un Dios «spray», es concreto, no es un abstracto, sino que tiene un nombre: «Dios es amor». No es un amor sentimental, emotivo, sino el amor del Padre que está en el origen de cada vida, el amor del Hijo que muere en la cruz y resucita, el amor del Espíritu que renueva al hombre y el mundo. Pensar en que Dios es amor nos hace mucho bien, porque nos enseña a amar, a darnos a los demás como Jesús se dio a nosotros, y camina con nosotros. Jesús camina con nosotros en el camino de la vida.

El torrente de ternura

Como la mamá pone al niño sobre sus rodillas y lo acaricia, así el Señor hará con nosotros y hace con nosotros. Este es el torrente de ternura que nos da tanta consolación. "Como a un niño a quien su madre consuela, así os consolaré yo" (Isaías 66, 13). Todo cristiano, y sobre todo nosotros, estamos llamados a ser portadores de este mensaje de esperanza que da serenidad y alegría: la consolación de Dios, su ternura para con todos. Pero sólo podremos ser portadores si nosotros experimentamos antes la alegría de ser consolados por Él, de ser amados por Él. Esto es importante para que nuestra misión sea fecunda: sentir la consolación de Dios y transmitirla.

Fe en el amor tangible de Dios

Nuestra cultura ha perdido la percepción de esta presencia concreta de Dios, de su acción en el mundo. Pensamos que Dios solo se encuentra más allá, en otro nivel de realidad, separado de nuestras relaciones concretas. Pero si así fuese, si Dios fuese incapaz de intervenir en el mundo, su amor no sería verdaderamente poderoso, verdaderamente real, y no sería entonces ni siquiera verdadero amor, capaz de cumplir esa felicidad que promete. En tal caso, creer o no creer en él sería totalmente indiferente. Los cristianos, en cambio, confiesan el amor concreto y eficaz de Dios, que obra verdaderamente en la historia y determina su destino final, amor que se deja encontrar, que se ha revelado en plenitud en la pasión, muerte y resurrección de Cristo.

No somos simplemente un número para Dios

Para Dios no somos números, somos importantes, es más somos lo más importante que tiene; aun siendo pecadores, somos lo que más le importa.

Dios da el primer paso

Dios no esperó que fuéramos a Él, sino que Él se puso en movimiento hacia nosotros, sin cálculos, sin medida. Dios es así: él da siempre el primer paso, Él se mueve hacia nosotros.

Como un pastor

Dios piensa como el samaritano que no pasa cerca del desventurado compadeciéndose o mirando hacia otro lado, sino socorriéndole sin pedir nada a cambio; sin preguntar si era judío, si era pagano, si era samaritano, si era rico, si era pobre: no pregunta nada. No pregunta estas cosas, no pide nada. Va en su ayuda: así es Dios. Dios piensa como el pastor que da su vida para defender y salvar a las ovejas.

El amor de Dios: más fuerte que la muerte

También nosotros, como las mujeres discípulas de Jesús que fueron al sepulcro y lo encontraron vacío, podemos preguntarnos qué sentido tiene este evento (cf. Lc 24,4). ¿Qué significa que Jesús ha resucitado? Significa que el amor de Dios es más fuerte que el mal y la muerte misma, significa que el amor de Dios puede transformar nuestras vidas y hacer florecer esas zonas de desierto que hay en nuestro corazón. Y esto lo puede hacer el amor de Dios.

Dios es paciente con nosotros

Dios no es impaciente como nosotros, que frecuentemente queremos todo y enseguida, también con las personas. Dios es paciente con nosotros porque nos ama, y quien ama comprende, espera, da confianza, no abandona, no corta los puentes, sabe perdonar. Recordémoslo en nuestra vida de cristianos: Dios nos espera siempre, aun cuando nos hayamos alejado. Él no está nunca lejos, y si volvemos a Él, está preparado para abrazarnos.

Un amor completamente confiable

La muerte de Cristo manifiesta la total fiabilidad del amor de Dios a la luz de la resurrección. En cuanto resucitado, Cristo es testigo fiable, digno de fe (cf. Ap 1, 5; Hb 2, 17), apoyo sólido para nuestra fe. «Si Cristo no ha resucitado, vuestra fe no tiene sentido», dice san Pablo (1 Co 15, 17). Si el amor del Padre no hubiese resucitado a Jesús de entre los muertos, si no hubiese podido devolver la vida a su cuerpo, no sería un amor plenamente fiable, capaz de iluminar también las tinieblas de la muerte.

Él nos busca

Adán después del pecado sintió vergüenza, se ve desnudo, siente el peso de lo que ha hecho; y sin embargo Dios no lo abandona: si en ese momento, con el pecado, inicia nuestro exilio de Dios, hay ya una promesa de vuelta, la posibilidad de volver a Él. Dios pregunta enseguida: «Adán, ¿dónde estás?», lo busca.

Dios nunca se olvida de nosotros

Dios nos trata como a hijos, nos comprende, nos perdona, nos abraza, nos ama incluso cuando nos equivocamos. Ya en el Antiguo Testamento, el profeta Isaías afirmaba que si una madre se olvidara del hijo, Dios no se olvida nunca de nosotros, en ningún momento (cf. 49, 15). ¡Y esto es hermoso!

Comparte la consolación de Dios con otros

El Señor es padre y Él dice que nos tratará como una mamá a su niño, con su ternura. No tengan miedo de la consolación del Señor. La invitación de Isaías ha de resonar en nuestro corazón: "Consolad, consolad a mi pueblo" (40,1), y esto convertirse en misión. Encontrar al Señor que nos consuela e ir a consolar al pueblo de Dios, esta es la misión. La gente de hoy tiene necesidad ciertamente de palabras, pero sobre todo tiene necesidad de que demos testimonio de la misericordia, la ternura del Señor, que enardece el corazón, despierta la esperanza, atrae hacia el bien. ¡La alegría de llevar la consolación de Dios!

Encuentro con Jesús

No basta con leer sobre la fe

Cuando le buscamos [a Jesús], hallamos esta realidad: que es Él quien nos espera para acogernos, para darnos su amor. Y esto te lleva al corazón un estupor tal que no lo crees, y así va creciendo la fe. Con el encuentro con una persona, con el encuentro con el Señor. Alguno dirá: «No; yo prefiero estudiar la fe en los libros». Es importante estudiarla, pero mira: esto solo no basta. Lo importante es el encuentro con Jesús, el encuentro con Él; y esto te da la fe, porque es precisamente Él quien te la da.

La voz de Jesús es única

El misterio de la voz [de Jesús] es sugestivo: pensemos que desde el seno de nuestra madre aprendemos a reconocer su voz y la del papá; por el tono de una voz percibimos el amor o el desprecio, el afecto o la frialdad. La voz de Jesús es única. Si aprendemos a distinguirla, Él nos guía por el camino de la vida, un camino que supera también el abismo de la muerte.

Acoge a Jesús como amigo

Acepta entonces que Jesús Resucitado entre en tu vida, acógelo como amigo, con confianza: ¡Él es la vida! Si hasta ahora has estado lejos de él, da un pequeño paso: te acogerá con los brazos abiertos. Si eres indiferente, acepta arriesgar: no quedarás decepcionado. Si te parece difícil seguirlo, no tengas miedo, confía en él, ten la seguridad de que él está cerca de ti, está contigo, y te dará la paz que buscas y la fuerza para vivir como él quiere.

¿Por qué la cruz?

Por qué la cruz? Porque Jesús toma sobre sí el mal, la suciedad, el pecado del mundo, también el nuestro, el de todos nosotros, y lo lava, lo lava con su sangre, con la misericordia, con el amor de Dios. Miremos a nuestro alrededor: ¡cuántas heridas inflige el mal a la humanidad! Guerras, violencias, conflictos económicos que se abaten sobre los más débiles, la sed de dinero, que nadie puede llevárselo consigo, lo debe dejar. Mi abuela nos decía a los niños: "El sudario no tiene bolsillos." Amor al dinero, al poder, la corrupción, las divisiones, los crímenes contra la vida humana y contra la creación. Y también —cada uno lo sabe y lo conoce— nuestros pecados personales: las faltas de amor y de respeto a Dios, al prójimo y a toda la creación. Y Jesús en la cruz siente todo el peso del mal, y con la fuerza del amor de Dios lo vence, lo derrota en su resurrección. Este es el bien que Jesús nos hace a todos en el trono de la cruz. La cruz de Cristo, abrazada con amor, nunca conduce a la tristeza, sino a la alegría, a la alegría de ser salvados y de hacer un poquito eso que ha hecho él aquel día de su muerte.

Él se entregó "por mí"

Jesús se entregó voluntariamente a la muerte para corresponder al amor de Dios Padre, en perfecta unión con su voluntad, para demostrar su amor por nosotros. En la Cruz, Jesús «me amó y se entregó por mí» (Ga 2, 20). Cada uno de nosotros puede decir: Me amó y se entregó por mí. Cada uno puede decir esto: «por mí».

Su casa somos nosotros

Jesús vivió las realidades cotidianas de la gente más sencilla: se conmovió ante la multitud que parecía un rebaño sin pastor; lloró ante el sufrimiento de Marta y María por la muerte del hermano Lázaro; llamó a un publicano como discípulo suyo; sufrió también la traición de un amigo. En Él Dios nos dio la certeza de que está con nosotros, en medio de nosotros. «Las zorras —dijo Él, Jesús—, las zorras tienen madrigueras y los pájaros nidos, pero el Hijo del hombre no tiene dónde reclinar la cabeza» (Mt 8, 20). Jesús no tiene casa porque su casa es la gente, somos nosotros, su misión es abrir a todos las puertas de Dios, ser la presencia de amor de Dios.

Jesús confía en su Padre celestial

El Evangelio nos propone el relato del milagro de los panes (Lc 9, 11-17); quisiera detenerme en un aspecto que siempre me conmueve y me hace reflexionar. Estamos a orillas del lago de Galilea, y se acerca la noche; Jesús se preocupa por la gente que está con Él desde hace horas: son miles, y tienen hambre. ¿Qué hacer? También los discípulos se plantean el problema, y dicen a Jesús: «Despide a la gente» para que vayan a los poblados cercanos a buscar de comer…

La actitud de Jesús es totalmente distinta, y es consecuencia de su unión con el Padre y de la compasión por la gente, esa piedad de Jesús hacia todos nosotros: Jesús percibe nuestros problemas, nuestras debilidades, nuestras necesidades. Ante esos cinco panes, Jesús piensa: ¡he aquí la providencia! De este poco, Dios puede sacar lo necesario para todos. Jesús se fía totalmente del Padre celestial, sabe que para Él todo es posible.

¿Qué es "la" verdad?

Vivimos en una época en la que se es más bien escéptico respecto a la verdad. Benedicto XVI habló muchas veces de relativismo, es decir, de la tendencia a considerar que no existe nada definitivo y a pensar que la verdad deriva del consenso o de lo que nosotros queremos. Surge la pregunta: ¿existe realmente «la» verdad? ¿Qué es «la» verdad? ¿Podemos conocerla? ¿Podemos encontrarla? Aquí me viene a la mente la pregunta del Procurador romano Poncio Pilato cuando Jesús le revela el sentido profundo de su misión: «¿Qué es la verdad?» (Jn 18, 38). Pilato no logra entender que «la» Verdad está ante él, no logra ver en Jesús el rostro de la verdad, que es el rostro de Dios. Sin embargo, Jesús es precisamente esto: la Verdad, que, en la plenitud de los tiempos, «se hizo carne» (Jn 1, 1.14), vino en medio de nosotros para que la conociéramos. La verdad no se aferra como una cosa, la verdad se encuentra. No es una posesión, es un encuentro con una Persona.

Cristo es nuestro jefe de cordada

La Ascensión de Jesús al Cielo nos hace conocer esta realidad tan consoladora para nuestro camino: en Cristo, verdadero Dios y verdadero hombre, nuestra humanidad ha sido llevada junto a Dios; Él nos abrió el camino; Él es como un jefe de cordada cuando se escala una montaña, que ha llegado a la cima y nos atrae hacia sí conduciéndonos a Dios. Si confiamos a Él nuestra vida, si nos dejamos guiar por Él, estamos ciertos de hallarnos en manos seguras, en manos de nuestro Salvador, de nuestro abogado.

Presente en todo espacio y tiempo

La Ascensión no indica la ausencia de Jesús, sino que nos dice que Él vive en medio de nosotros de un modo nuevo; ya no está en un sitio preciso del mundo como lo estaba antes de la Ascensión; ahora está en el señorío de Dios, presente en todo espacio y tiempo, cerca de cada uno de nosotros. En nuestra vida nunca estamos solos: contamos con este abogado que nos espera, que nos defiende. Nunca estamos solos: el Señor crucificado y resucitado nos guía; con nosotros se encuentran numerosos hermanos y hermanas que, en el silencio y en el escondimiento, en su vida de familia y de trabajo, en sus problemas y dificultades, en sus alegrías y esperanzas, viven cotidianamente la fe y llevan al mundo, junto a nosotros, el señorío del amor de Dios, en Cristo Jesús resucitado, que subió al Cielo, abogado para nosotros.

El Corazón de Jesús: no es simplemente un símbolo

La piedad popular valora mucho los símbolos, y el Corazón de Jesús es el símbolo por excelencia de la misericordia de Dios; pero no es un símbolo imaginario, es un símbolo real, que representa el centro, la fuente de la que brotó la salvación para toda la humanidad.

En los Evangelios encontramos diversas referencias al Corazón de Jesús, por ejemplo en el pasaje donde Cristo mismo dice: «Venid a mí todos los que estáis cansados y agobiados, y yo os aliviaré. Tomad mi yugo sobre vosotros y aprended de mí, que soy manso y humilde de corazón» (Mt 11, 28-29). Es fundamental, luego, el relato de la muerte de Cristo según san Juan. Este evangelista, en efecto, testimonia lo que vio en el Calvario, es decir, que un soldado, cuando Jesús ya estaba muerto, le atravesó el costado con la lanza y de la herida brotaron sangre y agua (cf. Jn 19, 33-34). Juan reconoce en ese signo, aparentemente casual, el cumplimiento de las profecías: del corazón de Jesús, Cordero inmolado en la cruz, brota el perdón y la vida para todos los hombres.

Él se hace don

Esta tarde [Solemnidad de Corpus Christi] de nuevo, el Señor distribuye para nosotros el pan que es su Cuerpo, Él se hace don. Y también nosotros experimentamos la «solidaridad de Dios» con el hombre, una solidaridad que jamás se agota, una solidaridad que no acaba de sorprendernos: Dios se hace cercano a nosotros, en el sacrificio de la Cruz se abaja entrando en la oscuridad de la muerte para darnos su vida, que vence el mal, el egoísmo y la muerte. Jesús también esta tarde se da a nosotros en la Eucaristía, comparte nuestro mismo camino, es más, se hace alimento, el verdadero alimento que sostiene nuestra vida también en los momentos en los que el camino se hace duro, los obstáculos ralentizan nuestros pasos. Y en la Eucaristía el Señor nos hace recorrer su camino, el del servicio, el de compartir, el del don, y lo poco que tenemos, lo poco que somos, si se comparte, se convierte en riqueza, porque el poder de Dios, que es el del amor, desciende sobre nuestra pobreza para transformarla.

Así que preguntémonos esta tarde, al adorar a Cristo presente realmente en la Eucaristía: ¿me dejo transformar por Él? ¿Dejo que el Señor, que se da a mí, me guíe para salir cada vez más de mi pequeño recinto, para salir y no tener miedo de dar, de compartir, de amarle a Él y a los demás?

Él se inclinó para sanarnos

Jesús ha sabido comprender las miserias humanas, ha mostrado el rostro de misericordia de Dios y se ha inclinado para curar el cuerpo y el alma… Este es su corazón atento a todos nosotros, que ve nuestras debilidades, nuestros pecados. El amor de Jesús es grande.

Ver como ve Jesús

La fe no solo mira a Jesús, sino que mira desde el punto de vista de Jesús, con sus ojos: es una participación en su modo de ver. En muchos ámbitos de la vida confiamos en otras personas que conocen las cosas mejor que nosotros. Tenemos confianza en el arquitecto que nos construye la casa, en el farmacéutico que nos da la medicina para curarnos, en el abogado que nos defiende en el tribunal. Tenemos necesidad también de alguien que sea fiable y experto en las cosas de Dios. Jesús, su Hijo, se presenta como aquel que nos explica a Dios (cf. Jn 1,18). La vida de Cristo —su modo de conocer al Padre, de vivir totalmente en relación con él— abre un espacio nuevo a la experiencia humana.

Creer en Jesús

La importancia de la relación personal con Jesús mediante la fe queda reflejada en los diversos usos que hace san Juan del verbo *credere*. Junto a «creer que» es verdad lo que Jesús nos dice (cf. Jn 14, 10; 20, 31), san Juan usa también las locuciones «creer a» Jesús y «creer en» Jesús. «Creemos a» Jesús cuando aceptamos su Palabra, su testimonio, porque él es veraz (cf. Jn 6, 30). «Creemos en» Jesús cuando lo acogemos personalmente en nuestra vida y nos confiamos a él, uniéndonos a él mediante el amor y siguiéndolo a lo largo del camino.

GUIADOS POR EL ESPÍRITU

Dejemos que el Espíritu nos hable al corazón

Dejémonos guiar por el Espíritu Santo, dejemos que Él nos hable al corazón y nos diga esto: Dios es amor, Dios nos espera, Dios es el Padre, nos ama como verdadero papá, nos ama de verdad y esto lo dice sólo el Espíritu Santo al corazón, escuchemos al Espíritu Santo y sigamos adelante por este camino del amor, de la misericordia y del perdón.

¿Qué nos dice el Espíritu?

El Espíritu Santo nos enseña a mirar con los ojos de Cristo, a vivir la vida como la vivió Cristo, a comprender la vida como la comprendió Cristo. He aquí por qué el agua viva que es el Espíritu sacia la sed de nuestra vida, porque nos dice que somos amados por Dios como hijos, que podemos amar a Dios como sus hijos y que con su gracia podemos vivir como hijos de Dios, como Jesús. Y nosotros, ¿escuchamos al Espíritu Santo? ¿Qué nos dice el Espíritu Santo? Dice: Dios te ama. Nos dice esto. Dios te ama, Dios te quiere.

El Espíritu Santo nos enseña a decir "Papá"

San Pablo en la Carta a los Romanos escribe: vosotros «habéis recibido un espíritu de hijos de Dios, en el que clamamos: "¡Abba, Padre!"» (Rm 8, 15).

Es precisamente el Espíritu que hemos recibido en el Bautismo que nos enseña, nos impulsa, a decir a Dios: «Padre», o mejor, «¡Abba!» que significa «papá». Así es nuestro Dios: es un papá para nosotros. El Espíritu Santo realiza en nosotros esta nueva condición de hijos de Dios. Este es el más grande don que recibimos del Misterio pascual de Jesús.

La novedad Dios

Esta es la acción del Espíritu Santo: nos trae la novedad de Dios; viene a nosotros y hace nuevas todas las cosas, nos cambia. ¡El Espíritu nos cambia! (...)

Veis, la novedad de Dios no se asemeja a las novedades mundanas, que son todas provisionales, pasan y siempre se busca algo más. La novedad que Dios ofrece a nuestra vida es definitiva, y no sólo en el futuro, cuando estaremos con Él, sino también ahora: Dios está haciendo todo nuevo, el Espíritu Santo nos transforma verdaderamente y quiere transformar, contando con nosotros, el mundo en que vivimos.

¡Qué hermoso!

Abramos la puerta al Espíritu, dejemos que Él nos guíe, dejemos que la acción continua de Dios nos haga hombres y mujeres nuevos, animados por el amor de Dios, que el Espíritu Santo nos concede. Qué hermoso si cada noche pudiésemos decir: hoy en la escuela, en casa, en el trabajo, guiado por Dios, he realizado un gesto de amor hacia un compañero, mis padres, un anciano. ¡Qué hermoso!

¿Estamos abiertos a las sorpresas de Dios?

La novedad nos da siempre un poco de miedo, porque nos sentimos más seguros si tenemos todo bajo control, si somos nosotros los que construimos, programamos, planificamos nuestra vida, según nuestros esquemas, seguridades, gustos. Y esto nos sucede también con Dios. Con frecuencia lo seguimos, lo acogemos, pero hasta un cierto punto; nos resulta difícil abandonarnos a Él con total confianza, dejando que el Espíritu Santo anime, guíe nuestra vida, en todas las decisiones; tenemos miedo a que Dios nos lleve por caminos nuevos, nos saque de nuestros horizontes con frecuencia limitados, cerrados, egoístas, para abrirnos a los suyos. Pero, en toda la historia de la salvación, cuando Dios se revela, aparece su novedad —Dios ofrece siempre novedad—, transforma y pide confianza total…

La novedad que Dios trae a nuestra vida es lo que verdaderamente nos realiza, lo que nos da la verdadera alegría, la verdadera serenidad, porque Dios nos ama y siempre quiere nuestro bien. Preguntémonos hoy: ¿Estamos abiertos a las "sorpresas de Dios"? ¿O nos encerramos, con miedo, a la novedad del Espíritu Santo? ¿Estamos decididos a recorrer los caminos nuevos que la novedad de Dios nos presenta o nos atrincheramos en estructuras caducas, que han perdido la capacidad de respuesta? Nos hará bien hacernos estas preguntas durante toda la jornada.

Sedientos del agua viva

El Espíritu Santo es el manantial inagotable de la vida de Dios en nosotros. El hombre de todos los tiempos y de todos los lugares desea una vida plena y bella, justa y buena, una vida que no esté amenazada por la muerte, sino que madure y crezca hasta su plenitud. El hombre es como un peregrino que, atravesando los desiertos de la vida, tiene sed de un agua viva fluyente y fresca, capaz de saciar en profundidad su deseo profundo de luz, amor, belleza y paz. Todos sentimos este deseo. Y Jesús nos dona esta agua viva: esa agua es el Espíritu Santo, que procede del Padre y que Jesús derrama en nuestros corazones. «Yo he venido para que tengan vida y la tengan abundante», nos dice Jesús (Jn 10, 10).

El Espíritu Santo crea armonía

El Espíritu Santo, aparentemente, crea desorden en el Iglesia, porque produce diversidad de carismas, de dones; sin embargo, bajo su acción, todo esto es una gran riqueza, porque el Espíritu Santo es el Espíritu de unidad, que no significa uniformidad, sino reconducir todo a la armonía. En la Iglesia, la armonía la hace el Espíritu Santo. Un Padre de la Iglesia tiene una expresión que me gusta mucho: el Espíritu Santo "ipse harmonia est". Él es precisamente la armonía. Sólo Él puede suscitar la diversidad, la pluralidad, la multiplicidad y, al mismo tiempo, realizar la unidad.

La unidad es la obra del Espíritu

Cuando somos nosotros los que pretendemos la diversidad y nos encerramos en nuestros particularismos, en nuestros exclusivismos, provocamos la división; y cuando somos nosotros los que queremos construir la unidad con nuestros planes humanos, terminamos por imponer la uniformidad, la homologación. Si, por el contrario, nos dejamos guiar por el Espíritu, la riqueza, la variedad, la diversidad nunca provocan conflicto, porque Él nos impulsa a vivir la variedad en la comunión de la Iglesia.

El don del Cristo resucitado

«Mi vida ahora en la carne, la vivo en la fe del Hijo de Dios, que me amó y se entregó por mí» (Ga 2, 20). ¿Qué es esta vida? Es la vida misma de Dios. Y ¿quién nos introduce en esta vida? El Espíritu Santo, el don de Cristo resucitado. Es él quien nos introduce en la vida divina como verdaderos hijos de Dios, como hijos en el Hijo unigénito, Jesucristo. ¿Estamos abiertos nosotros al Espíritu Santo? ¿Nos dejamos guiar por él?

CONFÍA EN LA MISERICORDIA DE DIOS

La valentía de buscar a Jesús

Esto es importante: la valentía de confiarme a la misericordia de Jesús, de confiar en su paciencia, de refugiarme siempre en las heridas de su amor. . .

Tal vez alguno de nosotros puede pensar: mi pecado es tan grande, mi lejanía de Dios es como la del hijo menor de la parábola, mi incredulidad es como la de Tomás; no tengo las agallas para volver, para pensar que Dios pueda acogerme y que me esté esperando precisamente a mí. Pero Dios te espera precisamente a ti, te pide sólo el valor de regresar a Él.

Cuántas veces en mi ministerio pastoral me han repetido: «Padre, tengo muchos pecados»; y la invitación que he hecho siempre es: «No temas, ve con Él, te está esperando, Él hará todo». Cuántas propuestas mundanas sentimos a nuestro alrededor. Dejémonos sin embargo aferrar por la propuesta de Dios, la suya es una caricia de amor.

No temas a tu debilidad

Tres veces [Pedro] reniega de Jesús precisamente cuando debía estar más cerca de él; y cuando toca el fondo encuentra la mirada de Jesús que, con paciencia, sin palabras, le dice: «Pedro, no tengas miedo de tu debilidad, confía en mí»; y Pedro comprende, siente la mirada de amor de Jesús y llora. Qué hermosa es esta mirada de Jesús —cuánta ternura—. Hermanos y hermanas, no perdamos nunca la confianza en la paciente misericordia de Dios.

Él nunca se cansa de perdonarnos

No olvidemos esta palabra: Dios nunca se cansa de perdonar. Nunca. El problema es que nosotros nos cansamos, no queremos, nos cansamos de pedir perdón. Él jamás se cansa de perdonar, pero nosotros, a veces, nos cansamos de pedir perdón.

No nos cansemos nunca, no nos cansemos nunca. Él es Padre amoroso que siempre perdona, que tiene ese corazón misericordioso con todos nosotros. Y aprendamos también nosotros a ser misericordiosos con todos. Invoquemos la intercesión de la Virgen, que tuvo en sus brazos la Misericordia de Dios hecha hombre.

Dios piensa siempre con misericordia

Dios piensa siempre con misericordia: no olvidéis esto. Dios piensa siempre con misericordia: ¡es el Padre misericordioso! Dios piensa como el padre que espera el regreso del hijo y va a su encuentro, lo ve venir cuando todavía está lejos [Lucas 15:11-32]... ¿Qué significa esto? Que todos los días iba a ver si el hijo volvía a casa: este es nuestro Padre misericordioso. Es el signo de que lo esperaba de corazón en la terraza de su casa.

En Jesús tenemos un abogado

Jesús es nuestro abogado: ¡qué bello es oír esto! Cuando uno es llamado por el juez o tiene un proceso, lo primero que hace es buscar a un abogado para que le defienda. Nosotros tenemos uno, que nos defiende siempre, nos defiende de las asechanzas del diablo, nos defiende de nosotros mismos, de nuestros pecados

Queridísimos hermanos y hermanas, contamos con este abogado: no tengamos miedo de ir a Él a pedir perdón, bendición, misericordia. Él nos perdona siempre, es nuestro abogado: nos defiende siempre. No olvidéis esto.

La misericordia de Jesús da vida

Pero la misericordia de Jesús no es sólo un sentimiento, ¡es una fuerza que da vida, que resucita al hombre! Nos lo dice también el Evangelio de hoy, en el episodio de la viuda de Naín (Lc 7, 11-17). Jesús, con sus discípulos, está llegando precisamente a Naín, un poblado de Galilea, justo en el momento que tiene lugar un funeral: llevan a sepultar a un joven, hijo único de una mujer viuda. La mirada de Jesús se fija inmediatamente en la madre que llora. Dice el evangelista Lucas: «Al verla el Señor, se compadeció de ella» (v. 13). Esta «compasión» es el amor de Dios por el hombre, es la misericordia, es decir, la actitud de Dios en contacto con la miseria humana, con nuestra indigencia, nuestro sufrimiento, nuestra angustia. El término bíblico «compasión» remite a las entrañas maternas: la madre, en efecto, experimenta una reacción que le es propia ante el dolor de los hijos. Así nos ama Dios.

¿Cuál es el fruto de este amor, de esta misericordia? ¡Es la vida! Jesús dijo a la viuda de Naín: «No llores», y luego llamó al muchacho muerto y le despertó como de un sueño (cf. vv. 13-15). Pensemos esto, es hermoso: la misericordia de Dios da vida al hombre, le resucita de la muerte. El Señor nos mira siempre con misericordia; no lo olvidemos, nos mira siempre con misericordia, nos espera con misericordia. No tengamos miedo de acercarnos a Él. Tiene un corazón misericordioso. Si le mostramos nuestras heridas interiores, nuestros pecados, Él siempre nos perdona. ¡Es todo misericordia! Vayamos a Jesús.

La misericordia de Dios nos guía

Qué hermosa es esta realidad de fe para nuestra vida: la misericordia de Dios. Un amor tan grande, tan profundo el que Dios nos tiene, un amor que no decae, que siempre aferra nuestra mano y nos sostiene, nos levanta, nos guía.

El mensaje más fuerte del Señor

El mensaje de Jesús es éste: la misericordia. Para mí, lo digo con humildad, es el mensaje más fuerte del Señor: la misericordia. Pero si somos como aquel fariseo ante el altar —«Te doy gracias, porque no soy como los demás hombres, y tampoco como ese que está a la puerta, como ese publicano» (cf. Lc 18, 1-12)—, no conocemos el corazón del Señor, y nunca tendremos la alegría de sentir esta misericordia.

"Aquí estoy, Señor"

Acordaos de lo de san Pablo: ¿De qué me puedo enorgullecer sino de mis debilidades, de mi pobreza? (cfr. 2 Corintios 11, 30). Precisamente sintiendo mi pecado, mirando mi pecado, yo puedo ver y encontrar la misericordia de Dios, su amor, e ir hacia Él para recibir su perdón.

En mi vida personal, he visto muchas veces el rostro misericordioso de Dios, su paciencia; he visto también en muchas personas la determinación de entrar en las llagas de Jesús, diciéndole: Señor estoy aquí, acepta mi pobreza, esconde en tus llagas mi pecado, lávalo con tu sangre. Y he visto siempre que Dios lo ha hecho, ha acogido, consolado, lavado, amado.

Habitar en las heridas de su amor

Queridos hermanos y hermanas, dejémonos envolver por la misericordia de Dios; confiemos en su paciencia que siempre nos concede tiempo; tengamos el valor de volver a su casa, de habitar en las heridas de su amor dejando que Él nos ame, de encontrar su misericordia en los sacramentos. Sentiremos su ternura, tan hermosa, sentiremos su abrazo y seremos también nosotros más capaces de misericordia, de paciencia, de perdón y de amor.

El Señor siempre nos primerea

Nosotros decimos que debemos buscar a Dios, ir a Él a pedir perdón, pero cuando vamos Él nos espera, ¡Él está primero! Nosotros tenemos una palabra que expresa bien esto: «El Señor siempre nos primerea», está primero, ¡nos está esperando! Y esta es precisamente una gracia grande: encontrar a alguien que te está esperando. Tú vas pecador, pero Él te está esperando para perdonarte. Esta es la experiencia que los profetas de Israel describían diciendo que el Señor es como la flor del almendro, la primera flor de primavera (cf. Jer 1, 11-12). Antes de que salgan las demás flores, está él: el que espera. El Señor nos espera.

Dios, el Viviente, es misericordioso

Jesús encuentra a una mujer pecadora durante una comida en casa de un fariseo, suscitando el escándalo de los presentes: Jesús deja que se acerque una pecadora, e incluso le perdona los pecados, diciendo: «Sus muchos pecados han quedado perdonados, porque ha amado mucho, pero al que poco se le perdona, ama poco» (Lc 7, 47). Jesús es la encarnación del Dios vivo, el que trae la vida, frente a tantas obras de muerte, frente al pecado, al egoísmo, al cerrarse en sí mismos. Jesús acoge, ama, levanta, anima, perdona y da nuevamente la fuerza para caminar, devuelve la vida. Vemos en todo el Evangelio cómo Jesús trae con gestos y palabras la vida de Dios que transforma. Es la experiencia de la mujer que unge los pies del Señor con perfume: se siente comprendida, amada, y responde con un gesto de amor, se deja tocar por la misericordia de Dios y obtiene el perdón, comienza una vida nueva. Dios, el Viviente, es misericordioso. ¿Están de acuerdo? Digamos juntos: Dios es misericordioso, de nuevo: Dios el Viviente, es misericordioso.

La paz viene de la misericordia de Dios

«¡Paz a vosotros!» (Jn 20, 19.21.26). No es un saludo ni una sencilla felicitación: es un don; más aún, el don precioso que Cristo ofrece a sus discípulos después de haber pasado a través de la muerte y los infiernos.

Da la paz, como había prometido: «La paz os dejo, mi paz os doy; no os la doy yo como la da el mundo» (Jn 14, 27). Esta paz es el fruto de la victoria del amor de Dios sobre el mal, es el fruto del perdón. Y es justamente así: la verdadera paz, la paz profunda, viene de tener experiencia de la misericordia de Dios.

Grande es la misericordia del Señor

Y, hermanos y hermanas, el rostro de Dios es el de un padre misericordioso, que siempre tiene paciencia. ¿Habéis pensado en la paciencia de Dios, la paciencia que tiene con cada uno de nosotros? Ésa es su misericordia. Siempre tiene paciencia, paciencia con nosotros, nos comprende, nos espera, no se cansa de perdonarnos si sabemos volver a Él con el corazón contrito. «Grande es la misericordia del Señor», dice el Salmo.

Se olvida, te besa, te abraza

No es fácil encomendarse a la misericordia de Dios, porque eso es un abismo incomprensible. Pero hay que hacerlo. «Ay, padre, si usted conociera mi vida, no me hablaría así». «¿Por qué, qué has hecho?». «¡Ay padre!, las he hecho gordas». «¡Mejor!» «Acude a Jesús. A él le gusta que se le cuenten estas cosas». Él se olvida, él tiene una capacidad de olvidar, especial. Se olvida, te besa, te abraza y te dice solamente: «Tampoco yo te condeno. Anda, y en adelante no peques más» (Jn 8, 11). Sólo te da ese consejo.

PROCLAMAR EL EVANGELIO

¿Cómo no compartir
con los demás este tesoro?

Nosotros creemos en un Resucitado que ha vencido el mal y la muerte. Tengamos la valentía de «salir» para llevar esta alegría y esta luz a todos los sitios de nuestra vida. La Resurrección de Cristo es nuestra más grande certeza, es el tesoro más valioso. ¿Cómo no compartir con los demás este tesoro, esta certeza? No es sólo para nosotros; es para transmitirla, para darla a los demás, compartirla con los demás. Es precisamente nuestro testimonio.

Transmitir la fe

Tuve la gracia de crecer en una familia en la que la fe se vivía de modo sencillo y concreto; pero fue sobre todo mi abuela, la mamá de mi padre, quien marcó mi camino de fe. Era una mujer que nos explicaba, nos hablaba de Jesús, nos enseñaba el Catecismo. Recuerdo siempre que el Viernes Santo nos llevaba, por la tarde, a la procesión de las antorchas, y al final de esta procesión llegaba el «Cristo yacente», y la abuela nos hacía —a nosotros, niños— arrodillarnos y nos decía: «Mirad, está muerto, pero mañana resucita». Recibí el primer anuncio cristiano precisamente de esta mujer, ¡de mi abuela! ¡Esto es bellísimo! El primer anuncio en casa, ¡con la familia!

Y esto me hace pensar en el amor de tantas mamás y de tantas abuelas en la transmisión de la fe. Son quienes transmiten la fe. Esto sucedía también en los primeros tiempos, porque san Pablo decía a Timoteo: «Evoco el recuerdo de la fe de tu abuela y de tu madre» (cf. 2 Tm 1,5). Todas las mamás que están aquí, todas las abuelas, ¡pensad en esto! Transmitir

la fe. Porque Dios nos pone al lado personas que ayu-
dan nuestro camino de fe. Nosotros no encontramos
la fe en lo abstracto, ¡no! Es siempre una persona
que predica, que nos dice quién es Jesús, que nos
transmite la fe, nos da el primer anuncio. Y así fue
la primera experiencia de fe que tuve.

Aprender a salir de nosotros mismos

Seguir a Jesús quiere decir aprender a salir de nosotros mismos... para ir al encuentro de los demás, para ir hacia las periferias de la existencia, movernos nosotros en primer lugar hacia nuestros hermanos y nuestras hermanas, sobre todo aquellos más lejanos, aquellos que son olvidados, que tienen más necesidad de comprensión, de consolación, de ayuda. ¡Hay tanta necesidad de llevar la presencia viva de Jesús misericordioso y rico de amor!

Predicar con la vida

Recordémoslo bien todos: no se puede anunciar el Evangelio de Jesús sin el testimonio concreto de la vida. Quien nos escucha y nos ve, debe poder leer en nuestros actos eso mismo que oye en nuestros labios, y dar gloria a Dios. Me viene ahora a la memoria un consejo que san Francisco de Asís daba a sus hermanos: predicad el Evangelio y, si fuese necesario, también con las palabras. Predicar con la vida: el testimonio.

La fuerza de Dios para evangelizar

Ciertamente es una misión difícil la que nos espera, pero, con la guía del Espíritu Santo, se convierte en una misión entusiástica. Todos experimentamos nuestra pobreza, nuestra debilidad al llevar al mundo el tesoro precioso del Evangelio, pero debemos seguir repitiendo continuamente las palabras de san Pablo: «Llevamos este tesoro en vasijas de barro para que se vea que una fuerza tan extraordinaria es de Dios y no proviene de nosotros» (2 Co 4, 7). Es esto lo que nos debe dar siempre valentía: saber que la fuerza de la evangelización viene de Dios, pertenece a Él. Nosotros estamos llamados a abrirnos cada vez más a la acción del Espíritu Santo, y a ofrecer toda nuestra disponibilidad para ser instrumentos de la misericordia de Dios, de su ternura, de su amor por cada hombre y por cada mujer, sobre todo por los pobres, los excluidos, los lejanos.

Y para cada cristiano, para toda la Iglesia, esta no es una misión facultativa, no es una misión facultativa, sino esencial. Como decía san Pablo: «Predicar el Evangelio no es para mí ningún motivo de gloria; es más bien un deber que me incumbe. Y ¡ay de mí si no predicara el Evangelio!» (1 Co 9, 16). ¡La salvación de Dios es para todos!

Sean misioneros de la misericordia de Dios

Cada cristiano y cada comunidad es misionera en la medida en que lleva y vive el Evangelio, y da testimonio del amor de Dios por todos, especialmente por quien se encuentra en dificultad. Sed misioneros del amor y de la ternura de Dios. Sed misioneros de la misericordia de Dios, que siempre nos perdona, nos espera siempre y nos ama tanto.

No quedarnos dentro del redil

Seguir, acompañar a Cristo, permanecer con Él exige un «salir», salir. Salir de sí mismos, de un modo de vivir la fe cansado y rutinario, de la tentación de cerrarse en los propios esquemas que terminan por cerrar el horizonte de la acción creativa de Dios.

Dios salió de sí mismo para venir en medio de nosotros, puso su tienda entre nosotros para traernos su misericordia que salva y dona esperanza. También nosotros, si queremos seguirle y permanecer con Él, no debemos contentarnos con permanecer en el recinto de las noventa y nueve ovejas, debemos «salir», buscar con Él a la oveja perdida, aquella más alejada. Recordad bien: salir de nosotros, como Jesús, como Dios salió de sí mismo en Jesús y Jesús salió de sí mismo por todos nosotros.

El Espíritu Santo
es el alma de la misión

El Espíritu Santo es el alma de la misión. Lo que sucedió en Jerusalén hace casi dos mil años no es un hecho lejano, es algo que llega hasta nosotros, que cada uno de nosotros podemos experimentar. El Pentecostés del cenáculo de Jerusalén es el inicio, un inicio que se prolonga. El Espíritu Santo es el don por excelencia de Cristo resucitado a sus Apóstoles, pero Él quiere que llegue a todos. Jesús, como hemos escuchado en el Evangelio, dice: «Yo le pediré al Padre que os dé otro Paráclito, que esté siempre con vosotros» (Jn 14, 16). Es el Espíritu Paráclito, el «Consolador», que da el valor para recorrer los caminos del mundo llevando el Evangelio. El Espíritu Santo nos muestra el horizonte y nos impulsa a las periferias existenciales para anunciar la vida de Jesucristo. Preguntémonos si tenemos la tendencia a cerrarnos en nosotros mismos, en nuestro grupo, o si dejamos que el Espíritu Santo nos conduzca a la misión.

La fe solo puede comunicarse
con el testimonio

La comunicación de la fe se puede hacer solo con el testimonio, y esto es el amor. No con nuestras ideas, sino con el Evangelio vivido en la propia existencia y que el Espíritu Santo hace vivir dentro de nosotros. Es como una sinergia entre nosotros y el Espíritu Santo, y esto conduce al testimonio. A la Iglesia la llevan adelante los santos, que son precisamente quienes dan este testimonio. Como dijo Juan Pablo II y también Benedicto XVI, el mundo de hoy tiene mucha necesidad de testigos. No tanto de maestros, sino de testigos. No hablar tanto, sino hablar con toda la vida: la coherencia de vida, ¡precisamente la coherencia de vida! Una coherencia de vida que es vivir el cristianismo como un encuentro con Jesús que me lleva a los demás y no como un hecho social. Socialmente somos así, somos cristianos, cerrados en nosotros. No, ¡esto no! ¡El testimonio!

El pequeño y humilde testimonio tuyo y mío

El testimonio de la fe tiene muchas formas, como en un gran mural hay variedad de colores y de matices; pero todos son importantes, incluso los que no destacan. En el gran designio de Dios, cada detalle es importante, también el pequeño y humilde testimonio tuyo y mío, también ese escondido de quien vive con sencillez su fe en lo cotidiano de las relaciones de familia, de trabajo, de amistad.

El Espíritu Santo nos inspira lo que debemos decir

¿Quién es el verdadero motor de la evangelización en nuestra vida y en la Iglesia? Pablo VI escribía con claridad: «Él es quien, hoy igual que en los comienzos de la Iglesia, actúa en cada evangelizador que se deja poseer y conducir por Él, y pone en los labios las palabras que por sí solo no podría hallar, predisponiendo también el alma del que escucha para hacerla abierta y acogedora de la Buena Nueva y del reino anunciado» (*Envangelii nuntiandi*, 75). Para evangelizar, entonces, es necesario una vez más abrirse al horizonte del Espíritu de Dios, sin tener miedo de lo que nos pida y dónde nos guíe. ¡Encomendémonos a Él! Él nos hará capaces de vivir y testimoniar nuestra fe, e iluminará el corazón de quien encontremos.

El Espíritu Santo
nos impulsa hacia adelante

Los teólogos antiguos decían: el alma es una especie de barca de vela; el Espíritu Santo es el viento que sopla la vela para hacerla avanzar; la fuerza y el ímpetu del viento son los dones del Espíritu. Sin su fuerza, sin su gracia, no iríamos adelante. El Espíritu Santo nos introduce en el misterio del Dios vivo, y nos salvaguarda del peligro de una Iglesia gnóstica y de una Iglesia autorreferencial, cerrada en su recinto; nos impulsa a abrir las puertas para salir, para anunciar y dar testimonio de la bondad del Evangelio, para comunicar el gozo de la fe, del encuentro con Cristo.

Evangelizar nos da alegría

El día de Pentecostés, Pedro, lleno del Espíritu Santo, poniéndose en pie «con los Once» y «levantando la voz» (Hch 2, 14), anuncia «con franqueza» (v. 29) la buena noticia de Jesús, que dio su vida por nuestra salvación y que Dios resucitó de los muertos. He aquí otro efecto de la acción del Espíritu Santo: la valentía, de anunciar la novedad del Evangelio de Jesús a todos, con franqueza (*parresía*), en voz alta, en todo tiempo y lugar. Y esto sucede también hoy para la Iglesia y para cada uno de nosotros: del fuego de Pentecostés, de la acción del Espíritu Santo, se irradian siempre nuevas energías de misión, nuevos caminos por los cuales anunciar el mensaje de salvación, nueva valentía para evangelizar. ¡No nos cerremos nunca a esta acción! ¡Vivamos con humildad y valentía el Evangelio!

Testimoniemos la novedad, la esperanza, la alegría que el Señor trae a la vida. Sintamos en nosotros «la dulce y confortadora alegría de evangelizar» (Pablo VI, Exhort. ap. *Evangelii nuntiandi*, 80). Porque evangelizar, anunciar a Jesús, nos da alegría; en cambio, el egoísmo nos trae amargura, tristeza, tira de nosotros hacia abajo; evangelizar nos lleva arriba.

Somos instrumentos sencillos de Dios

Es urgente encontrar nuevas formas y nuevos caminos para que la gracia de Dios pueda tocar el corazón de cada hombre y de cada mujer y llevarlos a Él. De esto todos nosotros somos instrumentos sencillos, pero importantes; hemos recibido el don de la fe, no para tenerla escondida, sino para difundirla, para que pueda iluminar el camino de muchos hermanos.

El martirio: el grado más alto del testimonio

Para anunciar el Evangelio son necesarias dos virtudes: la valentía y la paciencia. Ellos [los cristianos que sufren] están en la Iglesia de la paciencia. Ellos sufren y hay más mártires hoy que en los primeros siglos de la Iglesia; ¡más mártires! Hermanos y hermanas nuestros. ¡Sufren! Llevan la fe hasta el martirio. Pero el martirio jamás es una derrota; el martirio es el grado más alto del testimonio que debemos dar. Nosotros estamos en camino hacia el martirio, los pequeños martirios: renunciar a esto, hacer esto... pero estamos en camino. Y ellos, pobrecillos, dan la vida, pero la dan —como hemos oído de la situación en Pakistán— por amor a Jesús, testimoniando a Jesús.

La motivación de la misión

Cuando estudiaba teología escribí al [Superior] General [de los jesuitas], que era el padre Arrupe, para que me mandara, me enviara a Japón o a otro sitio. Pero él lo pensó bien, y me dijo, con mucha caridad: «Pero usted ha tenido una afección pulmonar, cosa no muy buena para un trabajo tan fuerte», y me quedé en Buenos Aires. Pero fue muy bueno, el padre Arrupe, porque no dijo: «Pero usted no es muy santo para ser misionero»: era bueno, tenía caridad. Y lo que me dio mucha fuerza para hacerme jesuita es la misionariedad: ir fuera, ir a las misiones a anunciar a Jesucristo. Creo que esto es propio de nuestra espiritualidad: ir fuera, salir, salir siempre para anunciar a Jesucristo, y no permanecer un poco cerrados en nuestras estructuras, tantas veces estructuras caducas. Es lo que me impulsó.

No se olviden
de los pobres

El escándalo de la pobreza

Los tiempos nos hablan de mucha pobreza en el mundo, y esto es un escándalo. La pobreza del mundo es un escándalo. En un mundo donde hay tantas, tantas riquezas, tantos recursos para dar de comer a todos, no se puede entender cómo hay tantos niños hambrientos, que haya tantos niños sin educación, ¡tantos pobres! La pobreza, hoy, es un grito. Todos nosotros tenemos que pensar si podemos ser un poco más pobres: también esto todos lo debemos hacer. Cómo puedo ser un poco más pobre para parecerme mejor a Jesús, que era el Maestro pobre.

Una Iglesia pobre y para los pobres

Algunos no sabían por qué el Obispo de Roma ha querido llamarse Francisco. Algunos pensaban en Francisco Javier, en Francisco de Sales, también en Francisco de Asís. Les contaré la historia. Durante las elecciones, tenía al lado al arzobispo emérito de São Paulo, y también prefecto emérito de la Congregación para el clero, el cardenal Claudio Hummes: un gran amigo, un gran amigo. Cuando la cosa se ponía un poco peligrosa, él me confortaba. Y cuando los votos subieron a los dos tercios, hubo el acostumbrado aplauso, porque había sido elegido. Y él me abrazó, me besó, y me dijo: «No te olvides de los pobres». Y esta palabra ha entrado aquí: los pobres, los pobres. De inmediato, en relación con los pobres, he pensado en Francisco de Asís. Después he pensado en las guerras, mientras proseguía el escrutinio hasta terminar todos los votos. Y Francisco es el hombre de la paz. Y así, el nombre ha entrado en mi corazón: Francisco de Asís. Para mí es el hombre de la pobreza, el hombre de la paz, el hombre que ama y custodia la creación; en este momento, también nosotros mantenemos con la creación una relación no tan buena, ¿no? Es el hombre que nos da este espíritu de paz, el hombre pobre... ¡Ah, cómo quisiera una Iglesia pobre y para los pobres!

El dinero debe servir y no gobernar

¡El dinero debe servir y no gobernar! El Papa ama a todos, ricos y pobres; pero el Papa tiene la obligación, en nombre de Cristo, de recordar que los ricos deben ayudar a los pobres, respetarlos, promocionarlos. El Papa exhorta a la solidaridad desinteresada y a una vuelta de la economía y las finanzas a la ética en favor del hombre.

Tocar la carne de Cristo

Cuando yo iba a confesar en la diócesis precedente, venían algunos y siempre hacía esta pregunta: «Pero ¿usted da limosna?» —«Sí, padre». «Ah, bien, bien». Y hacía dos más: «Dígame, cuando usted da limosna, ¿mira a los ojos de aquél a quien da limosna?» —«Ah, no sé, no me he dado cuenta». Segunda pregunta: «Y cuando usted da la limosna, ¿toca la mano de aquel a quien le da la limosna, o le echa la moneda?» Este es el problema: la carne de Cristo, tocar la carne de Cristo, tomar sobre nosotros este dolor por los pobres. La pobreza, para nosotros cristianos, no es una categoría sociológica o filosófica y cultural: no; es una categoría teologal. Diría, tal vez la primera categoría, porque aquel Dios, el Hijo de Dios, se abajó, se hizo pobre para caminar con nosotros por el camino.

Y esta es nuestra pobreza: la pobreza de la carne de Cristo, la pobreza que nos ha traído el Hijo de Dios con su Encarnación. Una Iglesia pobre para los pobres empieza con ir hacia la carne de Cristo. Si vamos hacia la carne de Cristo, comenzamos a entender algo, a entender qué es esta pobreza, la pobreza del Señor. Y esto no es fácil.

La pobreza nos llama a sembrar esperanza

¿Y quién te roba la esperanza? El espíritu del mundo, las riquezas, el espíritu de la vanidad, la soberbia, el orgullo. Todas estas cosas te roban la esperanza. ¿Dónde encuentro la esperanza? En Jesús pobre, Jesús que se hizo pobre por nosotros... La pobreza nos llama a sembrar esperanza, para tener también yo más esperanza...

No se puede hablar de pobreza, de pobreza abstracta, ¡ésta no existe! La pobreza es la carne de Jesús pobre, en ese niño que tiene hambre, en quien está enfermo, en esas estructuras sociales que son injustas. Ir, mirar allí la carne de Jesús. Pero la esperanza no os la dejéis robar por el bienestar, por el espíritu de bienestar que, al final, te lleva a ser nada en la vida. El joven debe apostar por altos ideales: éste es el consejo. Pero la esperanza, ¿dónde la encuentro? En la carne de Jesús sufriente y en la verdadera pobreza. Hay un vínculo entre ambas.

La verdadera crisis

Y la crisis, la crisis no es algo malo. Es verdad que la crisis nos hace sufrir, pero debemos —y vosotros, jóvenes, principalmente—, debemos saber leer la crisis. Esta crisis, ¿qué significa? ¿Qué debo hacer yo para ayudar a salir de la crisis? La crisis que estamos viviendo en este momento es una crisis humana. Se dice: pero es una crisis económica, una crisis del trabajo. Sí, es verdad. Pero ¿por qué? Porque este problema del trabajo, este problema en la economía, son consecuencias del gran problema humano. Lo que está en crisis es el valor de la persona humana, y nosotros tenemos que defender a la persona humana…

Hoy no cuenta la persona, cuentan los fondos, el dinero. Y Jesús, Dios, dio el mundo, toda la creación, la dio a la persona, al hombre y a la mujer, a fin de que la sacaran adelante; no al dinero. Es una crisis, la persona está en crisis porque la persona hoy —escuchad bien, esto es verdad— ¡es esclava! Y nosotros debemos liberarnos de estas estructuras económicas y sociales que nos esclavizan. Y esta es vuestra tarea.

El pecado de la indiferencia

Hoy nadie en el mundo se siente responsable de esto; hemos perdido el sentido de la responsabilidad fraterna; hemos caído en la actitud hipócrita del sacerdote y del servidor del altar, de los que hablaba Jesús en la parábola del Buen Samaritano: vemos al hermano medio muerto al borde del camino, quizás pensamos "pobrecito", y seguimos nuestro camino, no nos compete; y con eso nos quedamos tranquilos, nos sentimos en paz. La cultura del bienestar, que nos lleva a pensar en nosotros mismos, nos hace insensibles al grito de los otros, nos hace vivir en pompas de jabón, que son bonitas, pero no son nada, son la ilusión de lo fútil, de lo provisional, que lleva a la indiferencia hacia los otros, o mejor, lleva a la globalización de la indiferencia. En este mundo de la globalización hemos caído en la globalización de la indiferencia. ¡Nos hemos acostumbrado al sufrimiento del otro, no tiene que ver con nosotros, no nos importa, no nos concierne!

¿Quién ha llorado hoy por el mundo?

Somos una sociedad que ha olvidado la experiencia de llorar, de "sufrir con": ¡la globalización de la indiferencia nos ha quitado la capacidad de llorar! En el Evangelio hemos escuchado el grito, el llanto, el gran lamento: "Es Raquel que llora por sus hijos… porque ya no viven". Herodes sembró muerte para defender su propio bienestar, su propia pompa de jabón. Y esto se sigue repitiendo… Pidamos al Señor que quite lo que haya quedado de Herodes en nuestro corazón; pidamos al Señor la gracia de llorar por nuestra indiferencia, de llorar por la crueldad que hay en el mundo, en nosotros, también en aquellos que en el anonimato toman decisiones socio-económicas que hacen posibles dramas como este. "¿Quién ha llorado?" ¿Quién ha llorado hoy en el mundo?

MADRE MARÍA,
AYÚDANOS

María nos muestra cómo vivir en el Espíritu

La Virgen María nos enseña el significado de vivir en el Espíritu Santo y qué significa acoger la novedad de Dios en nuestra vida. Ella concibió a Jesús por obra del Espíritu, y cada cristiano, cada uno de nosotros, está llamado a acoger la Palabra de Dios, a acoger a Jesús dentro de sí y llevarlo luego a todos. María invocó al Espíritu con los Apóstoles en el Cenáculo: también nosotros, cada vez que nos reunimos en oración estamos sostenidos por la presencia espiritual de la Madre de Jesús, para recibir el don del Espíritu y tener la fuerza de testimoniar a Jesús resucitado... Que María os ayude a estar atentos a lo que el Señor os pide, y a vivir y caminar siempre según el Espíritu Santo.

La Virgen siempre
va deprisa por nosotros

Cuando la Virgen, en cuanto recibió el anuncio de que sería la madre de Jesús, y también el anuncio de que su prima Isabel estaba encinta —dice el Evangelio—, se fue deprisa; no esperó. No dijo: «Pero ahora yo estoy embarazada; debo atender mi salud. Mi prima tendrá amigas que a lo mejor la ayudarán». Ella percibió algo y «se puso en camino deprisa». Es bello pensar esto de la Virgen, de nuestra Madre, que va deprisa, porque tiene esto dentro: ayudar. Va para ayudar, no para enorgullecerse y decir a la prima: «Oye, ahora mando yo, porque soy la mamá de Dios». No; no hizo eso. Fue a ayudar. Y la Virgen es siempre así. Es nuestra Madre, que siempre viene deprisa cuando tenemos necesidad.

Sería bello añadir a las Letanías de la Virgen una que diga así: «Señora que vas deprisa, ruega por nosotros». Es bello esto, ¿verdad? Porque Ella siempre va deprisa, Ella no se olvida de sus hijos. Y cuando sus hijos están en dificultades, tienen una necesidad y la invocan, Ella acude deprisa. Y esto nos da una seguridad, una seguridad de tener a la Mamá al lado, a nuestro lado siempre. Se va, se camina mejor en la vida cuando tenemos a la mamá cerca. Pensemos en esta gracia de la Virgen, esta gracia que nos da: estar cerca de nosotros, pero sin hacernos esperar. ¡Siempre! Ella está —confiemos en esto— para ayudarnos. La Virgen que siempre va deprisa, por nosotros.

El ejemplo de María: amar a Dios y al prójimo

La Virgen Santa hizo de su existencia un don incesante y precioso a Dios, porque amaba al Señor. María es un ejemplo y un estímulo… para todos nosotros, a fin de vivir la caridad hacia el prójimo, no por una especie de deber social, sino partiendo del amor de Dios, de la caridad de Dios. Y también… María es quien nos lleva a Jesús y nos enseña cómo ir donde Jesús; y la Madre de Jesús es nuestra y hace familia, con nosotros y con Jesús.

Nuestra Señora nos ayuda a crecer fuertes

Una mamá ayuda a sus hijos a crecer y quiere que crezcan bien; por eso los educa para que no se dejen llevar por la pereza —a veces fruto de un cierto bienestar—, para que no cedan a una vida cómoda que se conforma solo con tener cosas. La mamá se preocupa de que sus hijos sigan creciendo más, crezcan fuertes, capaces de asumir responsabilidades y compromisos en la vida, de proponerse grandes ideales. El Evangelio de san Lucas dice que, en la familia de Nazaret, Jesús "iba creciendo y robusteciéndose, lleno de sabiduría; y la gracia de Dios estaba con él" (Lc 2,40). La Virgen María hace esto mismo en nosotros, nos ayuda a crecer humanamente y en la fe, a ser fuertes y a no ceder a la tentación de ser superficiales, como hombres y como cristianos, sino a vivir con responsabilidad, a ir siempre más allá.

María nos enseña a tomar decisiones definitivas

Una buena mamá no sólo sigue de cerca el crecimiento de sus hijos sin evitar los problemas, los retos de la vida; una buena mamá ayuda también a tomar decisiones definitivas con libertad. Esto no es fácil, pero una mamá sabe hacerlo. Pero, ¿qué quiere decir 'libertad'? No se trata ciertamente de hacer siempre lo que uno quiere, dejarse dominar por las pasiones, pasar de una cosa a otra sin discernimiento, seguir la moda del momento; libertad no significa prescindir sin más de lo que a uno no le gusta. No, ¡eso no es libertad! ¡La libertad es un don para que sepamos elegir bien en la vida! María, como buena madre que es, nos enseña a ser, como Ella, capaces de tomar decisiones definitivas; decisiones definitivas, en este momento en el que reina, por decirlo así, la filosofía de lo pasajero. Es tan difícil comprometerse en la vida definitivamente. Y ella nos ayuda a tomar decisiones definitivas con aquella libertad plena con la que respondió "sí" al designio de Dios en su vida (cf. Lc 1,38).

Jesús nos encomienda a su Madre

Jesús, desde la cruz, dice a María indicando a Juan: "Mujer, ahí tienes a tu hijo", y a Juan: "Ahí tienes a tu madre" (cf. Jn 19, 26-27). En aquel discípulo estamos representados todos nosotros: el Señor nos encomienda en las manos llenas de amor y de ternura de la Madre, de modo que podamos contar con su ayuda para afrontar y vencer las dificultades de nuestro camino humano y cristiano; no temer las dificultades, afrontarlas con la ayuda de mamá.

Una oración a María

María, mujer de la escucha, haz que se abran nuestros oídos; que sepamos escuchar la Palabra de tu Hijo Jesús entre las miles de palabras de este mundo; haz que sepamos escuchar la realidad en la que vivimos, a cada persona que encontramos, especialmente a quien es pobre, necesitado, tiene dificultades.

María, mujer de la decisión, ilumina nuestra mente y nuestro corazón, para que sepamos obedecer a la Palabra de tu Hijo Jesús sin vacilaciones; danos la valentía de la decisión, de no dejarnos arrastrar para que otros orienten nuestra vida.

María, mujer de la acción, haz que nuestras manos y nuestros pies se muevan «deprisa» hacia los demás, para llevar la caridad y el amor de tu Hijo Jesús, para llevar, como tú, la luz del Evangelio al mundo. Amén.

DONES DE FE, ESPERANZA Y GOZO

La fe ilumina nuestro camino

Es urgente recuperar el carácter luminoso propio de la fe, pues cuando su llama se apaga, todas las otras luces acaban languideciendo. Y es que la característica propia de la luz de la fe es la capacidad de iluminar toda la existencia del hombre. Porque una luz tan potente no puede provenir de nosotros mismos; ha de venir de una fuente más primordial, tiene que venir, en definitiva, de Dios. La fe nace del encuentro con el Dios vivo, que nos llama y nos revela su amor, un amor que nos precede y en el que nos podemos apoyar para estar seguros y construir la vida. Transformados por este amor, recibimos ojos nuevos, experimentamos que en él hay una gran promesa de plenitud y se nos abre la mirada al futuro. La fe, que recibimos de Dios como don sobrenatural, se presenta como luz en el sendero, que orienta nuestro camino en el tiempo.

La bienaventuranza de la fe

Tomás exclamó: «¡Señor mío y Dios mío!» (Jn 20, 28). Entonces Jesús dijo: «¿Porque me has visto has creído? Bienaventurados los que crean sin haber visto» (v. 29). ¿Y quiénes eran los que habían creído sin ver? Otros discípulos, otros hombres y mujeres de Jerusalén que, aun no habiendo encontrado a Jesús Resucitado, creyeron por el testimonio de los Apóstoles y de las mujeres. Esta es una palabra muy importante sobre la fe; podemos llamarla la bienaventuranza de la fe. Bienaventurados los que no han visto y han creído: ¡esta es la bienaventuranza de la fe! En todo tiempo y en todo lugar son bienaventurados aquellos que, a través de la Palabra de Dios, proclamada en la Iglesia y testimoniada por los cristianos, creen que Jesucristo es el amor de Dios encarnado, la Misericordia encarnada. ¡Y esto vale para cada uno de nosotros!

La fe va de la mano de la esperanza

El sufrimiento nos recuerda que el servicio de la fe al bien común es siempre un servicio de esperanza, que mira adelante, sabiendo que solo en Dios, en el futuro que viene de Jesús resucitado, puede encontrar nuestra sociedad cimientos sólidos y duraderos. En este sentido, la fe va de la mano de la esperanza porque, aunque nuestra morada terrenal se destruye, tenemos una mansión eterna, que Dios ha inaugurado ya en Cristo, en su cuerpo (cf. 2 Co 4,16-5,5).

Un don que exige una respuesta

La fe es ante todo un don que hemos recibido. Pero para dar fruto, la gracia de Dios pide siempre nuestra apertura a Él, nuestra respuesta libre y concreta. Cristo viene a traernos la misericordia de Dios que salva. A nosotros se nos pide que nos confiemos a Él, que correspondamos al don de su amor con una vida buena, hecha de acciones animadas por la fe y por el amor.

La alegría de ser cargados por Jesús

Sigamos a Jesús. Nosotros acompañamos, seguimos a Jesús, pero sobre todo sabemos que él nos acompaña y nos carga sobre sus hombros: en esto reside nuestra alegría, la esperanza que hemos de llevar en este mundo nuestro. Y, por favor, no os dejéis robar la esperanza, no dejéis robar la esperanza. Esa que nos da Jesús.

Nuestra esperanza es segura y sólida

El Señor resucitado es la esperanza que nunca decae, que no defrauda (cf. Rm 5, 5). La esperanza no defrauda. ¡La esperanza del Señor! Cuántas veces en nuestra vida las esperanzas se desvanecen, cuántas veces las expectativas que llevamos en el corazón no se realizan. Nuestra esperanza de cristianos es fuerte, segura, sólida en esta tierra, donde Dios nos ha llamado a caminar, y está abierta a la eternidad, porque está fundada en Dios, que es siempre fiel. No debemos olvidar: Dios es siempre fiel; Dios es siempre fiel con nosotros. Que haber resucitado con Cristo mediante el Bautismo, con el don de la fe, para una herencia que no se corrompe, nos lleve a buscar mayormente las cosas de Dios, a pensar más en Él, a orarle más.

La alegría de ser hijos de Dios

A quien nos pida razón de la esperanza que está en nosotros (cf. 1 P 3, 15), indiquemos al Cristo resucitado. Indiquémoslo con el anuncio de la Palabra, pero sobre todo con nuestra vida de resucitados. Mostremos la alegría de ser hijos de Dios, la libertad que nos da el vivir en Cristo, que es la verdadera libertad, la que nos salva de la esclavitud del mal, del pecado, de la muerte. Miremos a la Patria celestial: tendremos una nueva luz también en nuestro compromiso y en nuestras fatigas cotidianas.

Hacer memoria de lo que Dios ha hecho en nuestras vidas

Hacer memoria de lo que Dios ha hecho por mí, por nosotros, hacer memoria del camino recorrido; y esto abre el corazón de par en par a la esperanza para el futuro. Aprendamos a hacer memoria de lo que Dios ha hecho en nuestras vidas.

La fuerza para ir contra corriente

Permaneced estables en el camino de la fe con una firme esperanza en el Señor. Aquí está el secreto de nuestro camino. Él nos da el valor para caminar contra corriente. Lo estáis oyendo, jóvenes: caminar contra corriente. Esto hace bien al corazón, pero hay que ser valientes para ir contra corriente y Él nos da esta fuerza.

Un cristiano nunca puede estar triste

No seáis nunca hombres y mujeres tristes: un cristiano jamás puede serlo. Nunca os dejéis vencer por el desánimo. Nuestra alegría no es algo que nace de tener tantas cosas, sino de haber encontrado a una persona, Jesús; que está entre nosotros; nace del saber que, con él, nunca estamos solos, incluso en los momentos difíciles, aun cuando el camino de la vida tropieza con problemas y obstáculos que parecen insuperables, y ¡hay tantos!

La Resurrección nos abre
a la esperanza

La Muerte y la Resurrección de Jesús son precisamente el corazón de nuestra esperanza. Sin esta fe en la muerte y resurrección de Jesús, nuestra esperanza será débil, pero no será tampoco esperanza, y justamente la muerte y la resurrección de Jesús son el corazón de nuestra esperanza. El Apóstol afirma: «Si Cristo no ha resucitado, vuestra fe no tiene sentido, seguís en vuestros pecados» (1 Corintios 15, 17). Lamentablemente, a menudo se ha tratado de oscurecer la fe en la Resurrección de Jesús, y también entre los creyentes mismos se han insinuado dudas. En cierto modo una fe «al agua de rosas», como decimos nosotros; no es la fe fuerte. Y esto por superficialidad, a veces por indiferencia, ocupados en mil cosas que se consideran más importantes que la fe, o bien por una visión sólo horizontal de la vida. Pero es precisamente la Resurrección la que nos abre a la esperanza más grande, porque abre nuestra vida y la vida del mundo al futuro eterno de Dios, a la felicidad plena, a la certeza de que el mal, el pecado, la muerte pueden ser vencidos.

ORA CADA DÍA

Déjale espacio a Dios en la oración

En el silencio del obrar cotidiano, san José, juntamente con María, tienen un solo centro común de atención: Jesús. Ellos acompañan y custodian, con dedicación y ternura, el crecimiento del Hijo de Dios hecho hombre por nosotros, reflexionando acerca de todo lo que sucedía. En los evangelios, san Lucas destaca dos veces la actitud de María, que es también la actitud de san José: «Conservaba todas estas cosas, meditándolas en su corazón» (2, 19. 51). Para escuchar al Señor, es necesario aprender a contemplarlo, a percibir su presencia constante en nuestra vida; es necesario detenerse a dialogar con Él, dejarle espacio en la oración. Cada uno de nosotros, también vosotros muchachos, muchachas, jóvenes, tan numerosos esta mañana, debería preguntarse: ¿qué espacio dejo al Señor? ¿Me detengo a dialogar con Él? Desde que éramos pequeños, nuestros padres nos acostumbraron a iniciar y a terminar el día con una oración, para educarnos a sentir que la amistad y el amor de Dios nos acompañan. Recordemos más al Señor en nuestras jornadas.

Déjate mirar por el Señor

El Señor nos mira: nos mira antes. Mi vivencia es lo que experimento ante el sagrario cuando voy a orar, por la tarde, ante el Señor. Algunas veces me duermo un poquito; esto es verdad, porque un poco el cansancio del día te adormece. Pero Él me entiende. Y siento tanto consuelo cuando pienso que Él me mira. Nosotros pensamos que debemos rezar, hablar, hablar, hablar... ¡no! Déjate mirar por el Señor. Cuando Él nos mira, nos da la fuerza y nos ayuda a testimoniarle.

Darle a Dios el lugar que le corresponde

Adorar al Señor quiere decir darle a él el lugar que le corresponde; adorar al Señor quiere decir afirmar, creer —pero no simplemente de palabra— que únicamente él guía verdaderamente nuestra vida; adorar al Señor quiere decir que estamos convencidos ante él de que es el único Dios, el Dios de nuestra vida, el Dios de nuestra historia.

Rezarle al Espíritu

Esta es una oración que debemos hacer todos los días: «Espíritu Santo haz que mi corazón se abra a la Palabra de Dios, que mi corazón se abra al bien, que mi corazón se abra a la belleza de Dios todos los días». Quisiera hacer una pregunta a todos: ¿cuántos de ustedes rezan todos los días al Espíritu Santo? Serán pocos, pero nosotros debemos satisfacer este deseo de Jesús y rezar todos los días al Espíritu Santo, para que nos abra el corazón hacia Jesús.

Demos un paso adelante en la ley del amor

¡Cuánto camino debemos recorrer aún para vivir en concreto esta nueva ley, la ley del Espíritu Santo que actúa en nosotros, la ley de la caridad, del amor! Cuando vemos en los periódicos o en la televisión tantas guerras entre cristianos, pero ¿cómo puede suceder esto? En el seno del pueblo de Dios, ¡cuántas guerras! En los barrios, en los lugares de trabajo, ¡cuántas guerras por envidia y celos! Incluso en la familia misma, ¡cuántas guerras internas! Nosotros debemos pedir al Señor que nos haga comprender bien esta ley del amor. Cuán hermoso es amarnos los unos a los otros como hermanos auténticos. ¡Qué hermoso es! Hoy hagamos una cosa: tal vez todos tenemos simpatías y no simpatías; tal vez muchos de nosotros estamos un poco enfadados con alguien; entonces digamos al Señor: Señor, yo estoy enfadado con este o con esta; te pido por él o por ella. Rezar por aquellos con quienes estamos enfadados es un buen paso en esta ley del amor. ¿Lo hacemos? ¡Hagámoslo hoy!

Misión y oración

"Rogad, pues, al dueño de la mies que mande obreros a su mies" (Lc 10, 2). Los obreros para la mies no son elegidos mediante campañas publicitarias o llamadas al servicio de la generosidad, sino que son "elegidos" y "mandados" por Dios. Él es quien elige, Él es quien manda, Él es quien manda, Él es quien encomienda la misión. Por eso es importante la oración. La Iglesia, nos ha repetido Benedicto XVI, no es nuestra, sino de Dios; ¡y cuántas veces nosotros, los consagrados, pensamos que es nuestra! La convertimos… en lo que se nos ocurre. Pero no es nuestra, es de Dios. El campo a cultivar es suyo. Así pues, la misión es sobre todo gracia. La misión es gracia. Y si el apóstol es fruto de la oración, encontrará en ella la luz y la fuerza de su acción. En efecto, nuestra misión pierde su fecundidad, e incluso se apaga, en el mismo momento en que se interrumpe la conexión con la fuente, con el Señor.

La Iglesia es
nuestra familia

La Iglesia nace en la Cruz

¿De dónde nace entonces la Iglesia? Nace del gesto supremo de amor de la Cruz, del costado abierto de Jesús del que brotan sangre y agua, símbolos de los Sacramentos de la Eucaristía y del Bautismo. En la familia de Dios, en la Iglesia, la savia vital es el amor de Dios que se concreta en amarle a Él y a los demás, a todos, sin distinción ni medida. La Iglesia es familia en la que se ama y se es amado.

Ora por la Iglesia

¿Cuánto amo a la Iglesia? ¿Rezo por ella? ¿Me siento parte de la familia de la Iglesia? ¿Qué hago para que sea una comunidad donde cada uno se sienta acogido y comprendido, sienta la misericordia y el amor de Dios que renueva la vida? La fe es un don y un acto que nos incumbe personalmente, pero Dios nos llama a vivir juntos nuestra fe, como familia, como Iglesia.

Pidamos al Señor… que nuestras comunidades, toda la Iglesia, sean cada vez más verdaderas familias que viven y llevan el calor de Dios.

El Señor nos invita
a formar parte de su pueblo

¿Qué quiere decir ser «Pueblo de Dios»? Ante todo quiere decir que Dios no pertenece en modo propio a pueblo alguno; porque es Él quien nos llama, nos convoca, nos invita a formar parte de su pueblo, y esta invitación está dirigida a todos, sin distinción, porque la misericordia de Dios «quiere que todos se salven» (1 Tm 2, 4). A los Apóstoles y a nosotros Jesús no nos dice que formemos un grupo exclusivo, un grupo de élite. Jesús dice: «id y haced discípulos a todos los pueblos» (cf. Mt 28, 19). San Pablo afirma que en el pueblo de Dios, en la Iglesia, «no hay judío y griego... porque todos vosotros sois uno en Cristo Jesús» (Gál 3, 28). Desearía decir también a quien se siente lejano de Dios y de la Iglesia, a quien es temeroso o indiferente, a quien piensa que ya no puede cambiar: el Señor te llama también a ti a formar parte de su pueblo y lo hace con gran respeto y amor. Él nos invita a formar parte de este pueblo, pueblo de Dios.

El fermento de Dios

Queridos hermanos y hermanas, ser Iglesia, ser pueblo de Dios, según el gran designio de amor del Padre, quiere decir ser el fermento de Dios en esta humanidad nuestra, quiere decir anunciar y llevar la salvación de Dios a este mundo nuestro, que a menudo está desorientado, necesitado de tener respuestas que alienten, que donen esperanza y nuevo vigor en el camino. Que la Iglesia sea espacio de la misericordia y de la esperanza de Dios, donde cada uno se sienta acogido, amado, perdonado y alentado a vivir según la vida buena del Evangelio. Y para hacer sentir al otro acogido, amado, perdonado y alentado, la Iglesia debe tener las puertas abiertas para que todos puedan entrar. Y nosotros debemos salir por esas puertas y anunciar el Evangelio.

La Iglesia no es
un movimiento político

La Iglesia no es un movimiento político, ni una estructura bien organizada: no es esto. No somos una ONG [organización no gubernamental], y cuando la Iglesia se convierte en una ONG pierde la sal, no tiene sabor, es sólo una organización vacía.

Y en esto sed listos, porque el diablo nos engaña, porque existe el peligro del eficientismo. Una cosa es predicar a Jesús, otra cosa es la eficacia, ser eficaces. No; aquello es otro valor. El valor de la Iglesia, fundamentalmente, es vivir el Evangelio y dar testimonio de nuestra fe. La Iglesia es la sal de la tierra, es luz del mundo, está llamada a hacer presente en la sociedad la levadura del Reino de Dios y lo hace ante todo con su testimonio, el testimonio del amor fraterno, de la solidaridad, del compartir.

La Iglesia es un cuerpo viviente

La Iglesia no es una asociación asistencial, cultural o política, sino que es un cuerpo viviente, que camina y actúa en la historia. Y este cuerpo tiene una cabeza, Jesús, que lo guía, lo nutre y lo sostiene. Este es un punto que desearía subrayar: si se separa la cabeza del resto del cuerpo, la persona entera no puede sobrevivir. Así es en la Iglesia: debemos permanecer unidos de manera cada vez más intensa a Jesús. Pero no solo esto: igual que en un cuerpo es importante que circule la linfa vital para que viva, así debemos permitir que Jesús actúe en nosotros, que su Palabra nos guíe, que su presencia eucarística nos nutra, nos anime, que su amor dé fuerza a nuestro amar al prójimo. ¡Y esto siempre! ¡Siempre, siempre!

¿Por qué están divididos los cristianos?

¡Cuánto daño acarrean a la Iglesia las divisiones entre cristianos, tomar partidos, los intereses mezquinos! Las divisiones entre nosotros, pero también las divisiones entre las comunidades: cristianos evangélicos, cristianos ortodoxos, cristianos católicos, ¿pero por qué divididos? Debemos buscar llevar la unidad. Os cuento algo: hoy, antes de salir de casa, estuve cuarenta minutos, más o menos… con un pastor evangélico y rezamos juntos, y buscamos la unidad. Pero tenemos que rezar entre nosotros, católicos, y también con los demás cristianos, rezar para que el Señor nos dé la unidad, la unidad entre nosotros. ¿Pero cómo tendremos la unidad entre los cristianos si no somos capaces de tenerla entre nosotros, católicos; de tenerla en la familia? ¡Cuántas familias se pelean y se dividen! Buscad la unidad, la unidad que hace la Iglesia. La unidad viene de Jesucristo. Él nos envía el Espíritu Santo para hacer la unidad.

Un ecumenismo del sufrimiento

«Si un miembro sufre, todos sufren con él. Si un miembro es honrado, todos se alegran con él» (1 Co 12, 26). Esta es una ley de vida cristiana, y en este sentido podemos decir que existe un ecumenismo del sufrimiento: como la sangre de los mártires ha sido semilla de fuerza y de fertilidad para la Iglesia, así la comunión de los sufrimientos diarios puede convertirse en instrumento eficaz de unidad. Y esto es verdad, en cierto sentido, también en el marco más amplio de la sociedad y de las relaciones entre cristianos y no cristianos: del sufrimiento común, en efecto, pueden brotar, con la ayuda de Dios, perdón, reconciliación y paz.

La Iglesia existe para evangelizar

En el Credo, inmediatamente después de profesar la fe en el Espíritu Santo, decimos: «Creo en la Iglesia una, santa, católica y apostólica». Existe un vínculo profundo entre estas dos realidades de fe: es el Espíritu Santo, en efecto, quien da la vida a la Iglesia, quien guía sus pasos. Sin la presencia y la acción incesante del Espíritu Santo, la Iglesia no podría vivir y no podría realizar la tarea que Jesús resucitado le confió de ir y hacer discípulos a todos los pueblos (cf. Mt 28, 19).

Evangelizar es la misión de la Iglesia, no solo de algunos, sino la mía, la tuya, nuestra misión. El apóstol Pablo exclamaba: « ¡Ay de mí si no anuncio el Evangelio!» (1 Co 9, 16). Cada uno debe ser evangelizador, sobre todo con la vida. Pablo VI subrayaba que «evangelizar...es la dicha y vocación propia de la Iglesia, su identidad más profunda. Ella existe para evangelizar» (Exhort. ap. *Evangelii nuntiandi*, 14).

El testimonio de amor
fraterno de la Iglesia

Cuando una persona conoce verdaderamente a Jesucristo y cree en Él, experimenta su presencia en la vida y la fuerza de su Resurrección, y no puede dejar de comunicar esta experiencia. Y si esta persona encuentra incomprensiones o adversidades, se comporta como Jesús en su Pasión: responde con el amor y la fuerza de la verdad.

…Pidamos la ayuda de María santísima a fin de que la Iglesia en todo el mundo anuncie con franqueza y valentía la Resurrección del Señor y dé de ella un testimonio válido con gestos de amor fraterno. El amor fraterno es el testimonio más cercano que podemos dar de que Jesús vive entre nosotros, que Jesús ha resucitado.

¡Cuerpo y miembros deben estar unidos!

San Pablo afirma que igual que los miembros del cuerpo humano, aun distintos y numerosos, forman un solo cuerpo, así todos nosotros hemos sido bautizados mediante un solo Espíritu en un mismo cuerpo (cf. 1 Co 12, 12-13). En la Iglesia, por lo tanto, existe una variedad, una diversidad de tareas y de funciones; no existe la uniformidad plana, sino la riqueza de los dones que distribuye el Espíritu Santo. Pero existe la comunión y la unidad: todos están en relación, unos con otros, y todos concurren a formar un único cuerpo vital, profundamente unido a Cristo. Recordémoslo bien: ser parte de la Iglesia quiere decir estar unidos a Cristo y recibir de Él la vida divina que nos hace vivir como cristianos, quiere decir permanecer unidos al Papa y a los obispos que son instrumentos de unidad y de comunión, y quiere decir también aprender a superar personalismos y divisiones, a comprenderse más, a armonizar las variedades y las riquezas de cada uno; en una palabra, a querer más a Dios y a las personas que tenemos al lado, en la familia, la parroquia, las asociaciones. ¡Cuerpo y miembros deben estar unidos para vivir! La unidad es superior a los conflictos, ¡siempre!

No teman a la solidaridad

¿De dónde nace la multiplicación de los panes? La respuesta está en la invitación de Jesús a los discípulos: «Dadles vosotros...», «dar», compartir. ¿Qué comparten los discípulos? Lo poco que tienen: cinco panes y dos peces. Pero son precisamente esos panes y esos peces los que en las manos del Señor sacian a toda la multitud. Y son justamente los discípulos, perplejos ante la incapacidad de sus medios y la pobreza de lo que pueden poner a disposición, quienes acomodan a la gente y distribuyen —confiando en la palabra de Jesús— los panes y los peces que sacian a la multitud. Y esto nos dice que en la Iglesia, pero también en la sociedad, una palabra clave de la que no debemos tener miedo es «solidaridad», o sea, saber poner a disposición de Dios lo que tenemos, nuestras humildes capacidades, porque sólo compartiendo, sólo en el don, nuestra vida será fecunda, dará fruto. Solidaridad: ¡una palabra malmirada por el espíritu mundano!

¿Somos piedras vivas?

¿Cómo vivimos nuestro ser Iglesia? ¿Somos piedras vivas o somos, por así decirlo, piedras cansadas, aburridas, indiferentes? ¿Habéis visto qué feo es ver a un cristiano cansado, aburrido, indiferente? Un cristiano así no funciona; el cristiano debe ser vivo, alegre de ser cristiano; debe vivir esta belleza de formar parte del pueblo de Dios que es la Iglesia. ¿Nos abrimos nosotros a la acción del Espíritu Santo para ser parte activa en nuestras comunidades o nos cerramos en nosotros mismos, diciendo: «tengo mucho que hacer, no es tarea mía»?

Que el Señor nos dé a todos su gracia, su fuerza, para que podamos estar profundamente unidos a Cristo, que es la piedra angular, el pilar, la piedra de sustentación de nuestra vida y de toda la vida de la Iglesia. Oremos para que, animados por su Espíritu, seamos siempre piedras vivas de su Iglesia.

En la Iglesia todos somos iguales

¿Qué hace el Espíritu Santo entre nosotros? Él traza la variedad que es la riqueza en la Iglesia y une todo y a todos, de forma que se construya un templo espiritual, en el que no ofrecemos sacrificios materiales, sino a nosotros mismos, nuestra vida (cf. 1 P 2, 4-5). La Iglesia no es un entramado de cosas y de intereses, sino que es el Templo del Espíritu Santo, el Templo en el que Dios actúa, el Templo del Espíritu Santo, el Templo en el que cada uno de nosotros, con el don del Bautismo, es piedra viva. Esto nos dice que nadie es inútil en la Iglesia, y si alguien dice a veces a otro: «Vete a casa, eres inútil», esto no es verdad, porque nadie es inútil en la Iglesia, ¡todos somos necesarios para construir este Templo! Nadie es secundario. Nadie es el más importante en la Iglesia; todos somos iguales a los ojos de Dios. Alguno de vosotros podría decir: «Oiga, señor Papa, usted no es igual a nosotros». Sí: soy como uno de vosotros, todos somos iguales, ¡somos hermanos!

Es imposible creer
cada uno por su cuenta

Es imposible creer cada uno por su cuenta. La fe no es únicamente una opción individual que se hace en la intimidad del creyente, no es una relación exclusiva entre el «yo» del fiel y el «Tú» divino, entre un sujeto autónomo y Dios. Por su misma naturaleza, se abre al «nosotros», se da siempre dentro de la comunión de la Iglesia.

Enfrentar las Pruebas y tentaciones

Dios fortalece nuestra debilidad

No habrá dificultades, tribulaciones, incomprensiones que nos hagan temer si permanecemos unidos a Dios como los sarmientos están unidos a la vid, si no perdemos la amistad con Él, si le abrimos cada vez más nuestra vida. Esto también y sobre todo si nos sentimos pobres, débiles, pecadores, porque Dios fortalece nuestra debilidad, enriquece nuestra pobreza, convierte y perdona nuestro pecado.

Dios puede cambiar
cualquier situación

No nos cerremos a la novedad que Dios quiere traer a nuestras vidas. ¿Estamos acaso con frecuencia cansados, decepcionados, tristes; sentimos el peso de nuestros pecados, pensamos que no lo podemos conseguir? No nos encerremos en nosotros mismos, no perdamos la confianza, nunca nos resignemos: no hay situaciones que Dios no pueda cambiar, no hay pecado que no pueda perdonar si nos abrimos a él.

Despojémonos de nuestros ídolos

Debemos despojarnos de tantos ídolos, pequeños o grandes, que tenemos, y en los cuales nos refugiamos, en los cuales buscamos y tantas veces ponemos nuestra seguridad. Son ídolos que a menudo mantenemos bien escondidos; pueden ser la ambición, el carrerismo, el gusto del éxito, el poner en el centro a uno mismo, la tendencia a estar por encima de los otros, la pretensión de ser los únicos amos de nuestra vida, algún pecado al que estamos apegados, y muchos otros. Esta tarde quisiera que resonase una pregunta en el corazón de cada uno, y que respondiéramos a ella con sinceridad: ¿He pensado en qué ídolo oculto tengo en mi vida que me impide adorar al Señor? Adorar es despojarse de nuestros ídolos, también de esos más recónditos, y escoger al Señor como centro, como vía maestra de nuestra vida.

Las tribulaciones son parte del camino hacia la gloria de Dios

«Hay que pasar mucho para entrar en el reino de Dios» (Hch 14, 22). El camino de la Iglesia, también nuestro camino cristiano personal, no es siempre fácil, encontramos dificultades, tribulación. Seguir al Señor, dejar que su Espíritu transforme nuestras zonas de sombra, nuestros comportamientos que no son según Dios, y lave nuestros pecados, es un camino que encuentra muchos obstáculos, fuera de nosotros, en el mundo, y también dentro de nosotros, en el corazón. Pero las dificultades, las tribulaciones, forman parte del camino para llegar a la gloria de Dios, como para Jesús, que ha sido glorificado en la Cruz; las encontraremos siempre en la vida. No desanimarse. Tenemos la fuerza del Espíritu Santo para vencer estas tribulaciones.

No tengamos miedo al compromiso

Nos seduce lo pasajero. Somos víctimas de una tendencia que nos lleva a la provisionalidad… como si quisiésemos seguir siendo adolescentes. Es de alguna manera la fascinación del permanecer adolescentes, y esto: ¡para toda la vida! ¡No tengamos miedo a los compromisos definitivos, a los compromisos que implican y exigen toda la vida! ¡Así la vida será fecunda! Y esto es libertad: tener el valor de tomar estas decisiones con magnanimidad.

Elijamos la vida

Con frecuencia, lo sabemos por experiencia, el hombre no elige la vida, no acoge el «Evangelio de la vida», sino que se deja guiar por ideologías y lógicas que ponen obstáculos a la vida, que no la respetan, porque vienen dictadas por el egoísmo, el propio interés, el lucro, el poder, el placer, y no son dictadas por el amor, por la búsqueda del bien del otro. Es la constante ilusión de querer construir la ciudad del hombre sin Dios, sin la vida y el amor de Dios: una nueva Torre de Babel; es pensar que el rechazo de Dios, del mensaje de Cristo, del Evangelio de la Vida, lleva a la libertad, a la plena realización del hombre. El resultado es que el Dios vivo es sustituido por ídolos humanos y pasajeros, que ofrecen un embriagador momento de libertad, pero que al final son portadores de nuevas formas de esclavitud y de muerte… Recordémoslo siempre: El Señor es el Viviente, es misericordioso. El Señor es el Viviente, es misericordioso.

Pidamos la gracia de la unidad

Los conflictos, si no se resuelven bien, nos separan entre nosotros, nos separan de Dios. El conflicto puede ayudarnos a crecer, pero también puede dividirnos. ¡No vayamos por el camino de las divisiones, de las luchas entre nosotros! Todos unidos, todos unidos con nuestras diferencias, pero unidos, siempre: este es el camino de Jesús. La unidad es superior a los conflictos. La unidad es una gracia que debemos pedir al Señor para que nos libre de las tentaciones de la división, de las luchas entre nosotros, de los egoísmos, de la locuacidad. ¡Cuánto daño hacen las habladurías, cuánto daño! ¡Jamás chismorrear de los demás, jamás!

¿Creo unidad o división?

Deberíamos preguntarnos todos: ¿cómo me dejo guiar por el Espíritu Santo de modo que mi vida y mi testimonio de fe sea de unidad y comunión? ¿Llevo la palabra de reconciliación y de amor que es el Evangelio a los ambientes en los que vivo? A veces parece que se repite hoy lo que sucedió en Babel: divisiones, incapacidad de comprensión, rivalidad, envidias, egoísmo. ¿Qué hago con mi vida? ¿Creo unidad en mi entorno? ¿O divido, con las habladurías, las críticas, las envidias? ¿Qué hago? Pensemos en esto.

El paso de la esclavitud a la libertad

Cristo murió y resucitó una vez para siempre y por todos, pero el poder de la resurrección, este paso de la esclavitud del mal a la libertad del bien, debe ponerse en práctica en todos los tiempos, en los momentos concretos de nuestra vida, en nuestra vida cotidiana. Cuántos desiertos debe atravesar el ser humano también hoy. Sobre todo el desierto que está dentro de él, cuando falta el amor de Dios y del prójimo, cuando no se es consciente de ser custodio de todo lo que el Creador nos ha dado y nos da. Pero la misericordia de Dios puede hacer florecer hasta la tierra más árida, puede hacer revivir incluso a los huesos secos (cf. Ez 37, 1-14).

Vivir como hijos de Dios

No somos cristianos a tiempo parcial

Preguntémonos… qué pasos estamos dando para que la fe oriente toda nuestra existencia. No se es cristiano a «tiempo parcial», solo en algunos momentos, en algunas circunstancias, en algunas opciones. No se puede ser cristianos de este modo, se es cristiano en todo momento. ¡Totalmente! La verdad de Cristo, que el Espíritu Santo nos enseña y nos dona, atañe para siempre y totalmente nuestra vida cotidiana. Invoquémosle con más frecuencia para que nos guíe por el camino de los discípulos de Cristo. Invoquémosle todos los días.

Dar fruto en el mundo real

El cristiano es un hombre espiritual, y esto no significa que sea una persona que vive «en las nubes», fuera de la realidad como si fuera un fantasma. No. El cristiano es una persona que piensa y actúa en la vida cotidiana según Dios, una persona que deja que su vida sea animada, alimentada por el Espíritu Santo, para que sea plena, propia de verdaderos hijos. Y eso significa realismo y fecundidad. Quien se deja guiar por el Espíritu Santo es realista, sabe cómo medir y evaluar la realidad, y también es fecundo: su vida engendra vida a su alrededor.

Qué significa ser cristiano

Ser cristianos no se reduce a seguir los mandamientos, sino que quiere decir ser en Cristo, pensar como Él, actuar como Él, amar como Él; es dejar que Él tome posesión de nuestra vida y la cambie, la transforme, la libere de las tinieblas del mal y del pecado.

Pongan su vida en juego por grandes ideales

Apostad por los grandes ideales, por las cosas grandes. Los cristianos no hemos sido elegidos por el Señor para pequeñeces. Hemos de ir siempre más allá, hacia las cosas grandes. Jóvenes, poned en juego vuestra vida por grandes ideales.

¿Actuamos según Dios?

Cuando decimos que el cristiano es un hombre espiritual entendemos precisamente esto: el cristiano es una persona que piensa y obra según Dios, según el Espíritu Santo. Pero me pregunto: y nosotros, ¿pensamos según Dios? ¿Actuamos según Dios? ¿O nos dejamos guiar por otras muchas cosas que no son precisamente Dios? Cada uno de nosotros debe responder a esto en lo profundo de su corazón.

La dignidad de los hijos de Dios

Nuestra relación filial con Dios no es como un tesoro que conservamos en un rincón de nuestra vida, sino que debe crecer, debe ser alimentada cada día con la escucha de la Palabra de Dios, la oración, la participación en los Sacramentos, especialmente la Penitencia y la Eucaristía, y la caridad. Nosotros podemos vivir como hijos. Y esta es nuestra dignidad —nosotros tenemos la dignidad de hijos—, comportarnos como verdaderos hijos. Esto quiere decir que cada día debemos dejar que Cristo nos transforme y nos haga como Él; quiere decir tratar de vivir como cristianos, tratar de seguirle, incluso si vemos nuestras limitaciones y nuestras debilidades. La tentación de dejar a Dios a un lado para ponernos a nosotros mismos en el centro está siempre a la puerta, y la experiencia del pecado hiere nuestra vida cristiana, nuestro ser hijos de Dios.

No caminemos solos

Caminar es un arte, porque si caminamos siempre deprisa nos cansamos y no podemos llegar al final, al final del camino. En cambio, si nos detenemos y no caminamos, ni siquiera llegamos al final. Caminar es precisamente el arte de mirar el horizonte, pensar adónde quiero ir, pero también soportar el cansancio del camino. Y muchas veces el camino es difícil, no es fácil. «Quiero ser fiel a este camino, pero no es fácil, escuchas: hay oscuridad, hay días de oscuridad, también días de fracaso, incluso alguna jornada de caída... uno cae, cae...». Pero pensad siempre en esto: no tengáis miedo de los fracasos; no tengáis miedo de las caídas. En el arte de caminar lo que importa no es no caer, sino no «quedarse caídos». Levantarse pronto, inmediatamente, y seguir andando... Pero también: es malo caminar solos, malo y aburrido. Caminar en comunidad, con los amigos, con quienes nos quieren: esto nos ayuda, nos ayuda a llegar precisamente a la meta a la que queremos llegar.

La valentía de la fe

Debemos tener la valentía de la fe y no dejarnos guiar por la mentalidad que nos dice: «Dios no sirve, no es importante para ti», y así sucesivamente. Es precisamente lo contrario: sólo comportándonos como hijos de Dios, sin desalentarnos por nuestras caídas, por nuestros pecados, sintiéndonos amados por Él, nuestra vida será nueva, animada por la serenidad y por la alegría. ¡Dios es nuestra fuerza! ¡Dios es nuestra esperanza!

El trabajo nos colma de dignidad

El libro del Génesis narra que Dios creó al hombre y a la mujer confiándoles la tarea de llenar la tierra y dominarla, lo que no significa explotarla, sino cultivarla y protegerla, cuidar de ella con el propio trabajo (cf. Gn 1, 28; 2, 15). El trabajo forma parte del plan de amor de Dios; nosotros estamos llamados a cultivar y custodiar todos los bienes de la creación, y de este modo participamos en la obra de la creación. El trabajo es un elemento fundamental para la dignidad de una persona. El trabajo, por usar una imagen, nos «unge» de dignidad, nos colma de dignidad; nos hace semejantes a Dios, que trabajó y trabaja, actúa siempre (cf. Jn 5, 17); da la capacidad de mantenerse a sí mismo, a la propia familia, y contribuir al crecimiento de la propia nación.

Un corazón atento
a lo que Jesús dice

Debemos ser magnánimos, con el corazón grande, sin miedo. Apostar siempre por los grandes ideales. Pero también magnanimidad con las cosas pequeñas, con las cosas cotidianas. El corazón amplio, el corazón grande. Y esta magnanimidad es importante encontrarla con Jesús, en la contemplación de Jesús. Jesús es quien nos abre las ventanas al horizonte. Magnanimidad significa caminar con Jesús, con el corazón atento a lo que Jesús nos dice.

Política: un deber cristiano

Involucrarse en la política es una obligación para un cristiano. Nosotros, cristianos, no podemos «jugar a Pilato», lavarnos las manos: no podemos. Tenemos que involucrarnos en la política porque la política es una de las formas más altas de la caridad, porque busca el bien común. Y los laicos cristianos deben trabajar en política. Usted me dirá: «¡Pero no es fácil!». Pero tampoco es fácil ser sacerdote. No existen cosas fáciles en la vida. No es fácil, la política se ha ensuciado demasiado; pero me pregunto: se ha ensuciado ¿por qué? ¿Por qué los cristianos no se han involucrado en política con el espíritu evangélico? Con una pregunta que te dejo: es fácil decir «la culpa es de ese». Pero yo, ¿qué hago? ¡Es un deber! Trabajar por el bien común, ¡es un deber de un cristiano! Y muchas veces el camino para trabajar es la política. Hay otros caminos: profesor, por ejemplo, es otro camino. Pero la actividad política por el bien común es uno de los caminos. Esto está claro.

Jesús nos quiere libres

Jesús nos quiere a los cristianos libres como Él, con esa libertad que viene de este diálogo con el Padre, de este diálogo con Dios. Jesús no quiere ni cristianos egoístas —que siguen el propio yo, no hablan con Dios— ni cristianos débiles —cristianos que no tienen voluntad, cristianos «telemandados», incapaces de creatividad, que buscan siempre conectarse a la voluntad de otro y no son libres—. Jesús nos quiere libres, ¿y esta libertad dónde se hace? Se hace en el diálogo con Dios en la propia conciencia. Si un cristiano no sabe hablar con Dios, no sabe oír a Dios en la propia conciencia, no es libre, no es libre.

La conciencia significa escuchar a Dios

La conciencia es el espacio interior de la escucha de la verdad, del bien, de la escucha de Dios; es el lugar interior de mi relación con Él, que habla a mi corazón y me ayuda a discernir, a comprender el camino que debo recorrer, y una vez tomada la decisión, a seguir adelante, a permanecer fiel.

Hemos tenido un ejemplo maravilloso de cómo es esta relación con Dios en la propia conciencia; un ejemplo reciente maravilloso. El Papa Benedicto XVI nos dio este gran ejemplo cuando el Señor le hizo entender, en la oración, cuál era el paso que debía dar. Con gran sentido de discernimiento y valor, siguió su conciencia, esto es, la voluntad de Dios que hablaba a su corazón. Y este ejemplo de nuestro padre nos hizo mucho bien a todos nosotros, como un ejemplo a seguir.

Sin la gracia no podemos hacer nada

Si yo me dejo alcanzar por la gracia de Cristo resucitado, si le permito cambiarme en ese aspecto mío que no es bueno, que puede hacerme mal a mí y a los demás, permito que la victoria de Cristo se afirme en mi vida, que se ensanche su acción benéfica. ¡Este es el poder de la gracia! Sin la gracia no podemos hacer nada. ¡Sin la gracia no podemos hacer nada! Y con la gracia del Bautismo y de la Comunión eucarística puedo llegar a ser instrumento de la misericordia de Dios, de la bella misericordia de Dios.

FUENTES

Capítulo 1: La ternura del amor de Dios

1. El nombre de Dios es amor: Discurso del Ángelus, Plaza de San Pedro, Solemnidad de la Santísima Trinidad, 26 de mayo de 2013

2. El torrente de ternura: Homilía, Basílica de San Pedro, Misa con los seminaristas, novicios y aquellos discerniendo su vocación, 7 de julio de 2013

3. Fe en el amor tangible de Dios: *Lumen fidei*,17

4. No somos simplemente un número para Dios: Homilía, Basílica de San Juan de Letrán, Domingo de la Divina Misericordia, 7 de abril de 2013.

5. Dios da el primer paso: Audiencia General, Plaza de San Pedro, 27 de marzo de 2013

6. Como un pastor: Audiencia General, Plaza de San Pedro, 27 de marzo de 2013

7. El amor de Dios: más fuerte que a muerte: Mensaje Urbi et Orbi, Domingo de Pascua, 31 de marzo de 2013

8. Dios es paciente con nosotros: Homilía, Basílica de San Juan de Letrán, Domingo de la Divina Misericordia, 7 de abril de 2013

9. Un amor completamente confiable: *Lumen fidei*,17

10. Él nos busca: Homilía, Basílica de San Juan de Letrán, Domingo de la Divina Misericordia, 7 de abril de 2013

11. Dios nunca se olvida de nosotros: Audiencia General, Plaza de San Pedro, 10 de abril de 2013

12. Comparte la consolación de Dios con otros: Homilía, Basílica de San Pedro, Misa con los seminaristas, novicios y aquellos discerniendo su vocación, 7 de julio de 2013

Capítulo 2: Encuentro con Jesús

1. No basta con leer sobre la fe: Discurso, Plaza de San Pedro, Vigilia de Pentecostés con los movimientos eclesiales, 18 de mayo de 2013

2. La voz de Jesús es única: Discurso Regina Caeli, Plaza de San Pedro, 21 de abril de 2013

3. Acoge a Jesús como amigo: Homilía, Plaza de San Pedro, Vigilia pascual, 30 de marzo de 2013

4. ¿Por qué la cruz? Homilía, Plaza de San Pedro, Domingo de Ramos, 24 de marzo de 2013

5. Él se entregó "por mí": Audiencia general, Plaza de San Pedro, 27 de marzo de 2013

6. Su casa somos nosotros: Audiencia General, Plaza de San Pedro, 27 de marzo de 2013

7. Jesús confía en su Padre celestial: Discurso del Ángelus, Plaza de San Pedro, 2 de junio de 2013

8. ¿Qué es la verdad? Audiencia General, Plaza de San Pedro, 15 de mayo de 2013

9. Cristo es nuestro jefe de cordada: Audiencia General, Plaza de San Pedro, 17 de abril de 2013

10. Presente en todo espacio y tiempo: Audiencia General, Plaza de San Pedro, 17 de abril de 2013

11. El Corazón de Jesús: no es simplemente un símbolo: Discurso del Ángelus, Plaza de San Pedro, 9 de junio de 2013

12. Él se hace don: Homilía, Basílica de San Juan de Letrán, Solemnidad de Corpus Christi, 30 de mayo de 2013

13. Él se inclinó para sanarnos: Homilía, Plaza de San Pedro, Domingo de Ramos, 24 de marzo de 2013

14. Ver como ve Jesús: *Lumen fidei*, 18

15. Creer en Jesús: *Lumen fidei*, 18

Capítulo 3: Guiados por el Espíritu

1. Dejemos que el Espíritu nos hable al corazón: Audiencia General, Plaza de San Pedro, 8 de mayo de 2013

2. ¿Qué nos dice el Espíritu?: Audiencia General, Plaza de San Pedro, 8 de mayo de 2013

3. El Espíritu Santo nos enseña a decir "Papá": Audiencia General, Plaza de San Pedro, 10 de abril de 2013

4. La novedad de Dios: Homilía, Plaza de San Pedro, Eucaristía y administración del Sacramento de la Confirmación, 28 de abril de 2013

5. ¡Qué hermoso! Homilía, Plaza de San Pedro, Misa y administración del Sacramento de la Confirmación, 28 de abril de 2013

6. ¿Estamos abiertos a las sorpresas de Dios?: Homilía, Plaza de San Pedro, Pentecostés, 19 de mayo de 2013

7. Sedientos del agua viva: Audiencia General, Plaza de San Pedro, 8 de mayo de 2013

8. El Espíritu Santo crea armonía: Homilía, Plaza de San Pedro, Pentecostés, 19 de mayo de 2013

9. La unidad es la obra del Espíritu: Homilía, Plaza de San Pedro, Pentecostés, 19 de mayo de 2013

10. El don de Cristo resucitado: Homilía, Plaza de San Pedro, Misa para la Jornada Evangelium vitae, 16 de junio de 2013

Capítulo 4: Confía en la misericordia de Dios

1. La valentía de buscar a Jesús: Homilía, Basílica de San Juan de Letrán, Domingo de la Divina Misericordia, 7 de abril de 2013

2. No temas a tu debilidad: Homilía, Basílica de San Juan de Letrán, Domingo de la Divina Misericordia, 7 de abril de 2013

3. Él nunca se cansa de perdonarnos: Discurso del Ángelus, Plaza de San Pedro, 17 de marzo de 2013

4. Dios siempre piensa con misericordia: Audiencia General, Plaza de San Pedro, 27 de marzo de 2013

5. En Jesús tenemos un abogado: Audiencia General, Plaza de San Pedro, 17 de abril de 2013

6. La misericordia de Jesús da vida: Discurso del Ángelus, Plaza de San Pedro, 9 de junio de 2013

7. La misericordia de Dios nos guía: Homilía, Basílica de San Juan de Letrán, Domingo de la Divina Misericordia, 7 de abril de 2013

8. El más fuerte del Señor: Homilía, Parroquia de Santa Ana en el Vaticano, 17 de marzo de 2013

9. "Aquí estoy, Señor": Homilía, Basílica de San Juan de Letrán, Domingo de la Divina Misericordia, 7 de abril de 2013

Capítulo 5: Proclamar el Evangelio

4. Predicar con la vida: Homilía, Basílica de San Pablo Extramuros, 14 de abril de 2013

5. La fuerza de Dios para evangelizar: Discurso a los participantes en las Obras Misionales Pontificias, Sala Clementina, 17 de mayo de 2013

6. Sean misioneros de la misericordia de Dios: Homilía, Plaza de San Pedro, 27 de marzo de 2013

7. No quedarnos dentro del redil: Audiencia General, Plaza de San Pedro, 27 de marzo de 2013

8. El Espíritu Santo es el alma de la misión: Homilía, Plaza de San Pedro, Pentecostés, 19 de mayo de 2013

9. La fe solo puede comunicarse con el testimonio: Discurso, Plaza de San Pedro, Vigilia de Pentecostés con los movimientos eclesiales, 18 de mayo de 2013

10. El pequeño y humilde testimonio tuyo y mio: Homilía, Basílica de San Pablo Extramuros, 14 de abril de 2013

11. El Espíritu Santo nos inspira lo que debemos decir: Audiencia General, Plaza de San Pedro, 22 de mayo de 2013

12. El Espíritu Santo nos impulsa hacia adelante: Homilía, Plaza de San Pedro, Pentecostés, 19 de mayo de 2013

13. Evangelizar nos da alegría: Audiencia General, Plaza de San Pedro, 22 de mayo de 2013

Capítulo 6: No se olviden de los pobres

5. La pobreza nos llama a sembrar esperanza: Diálogo con los estudiantes de las Escuelas Jesuitas de Italia y Albania, Sala Pablo VI, 7 de junio de 2013

6. La verdadera crisis: Diálogo con los estudiantes de las Escuelas Jesuitas de Italia y Albania, Sala Pablo VI, 7 de junio de 2013

7. El pecado de la indiferencia: Homilía, visita a Lampedusa, 8 de julio de 2013

8. ¿Quién ha llorado hoy por el mundo? Homilía, visita a Lampedusa, 8 de julio de 2013

Capítulo 7: Madre María, ayúdanos

1. María, nos muestra cómo vivir en el Espíritu: Discurso Regina Caeli, Plaza de San Pedro, 28 de abril de 2013

2. La Virgen siempre va deprisa por nosotros: Homilía, parroquia romana de santa Isabel y san Zacarías, Solemnidad de la Santísima Trinidad, 26 de mayo de 2013

3. El ejemplo de María: amar a Dios y al prójimo: Discurso, visita a la Casa de Acogida Dono di Maria: encuentro con las Misioneras de la Caridad, 21 de mayo de 2013

Capítulo 8: Dones de fe, esperanza y gozo

7. La alegría de ser hijos de Dios: Audiencia General, Plaza de San Pedro, 10 de abril de 2013

8. Hacer memoria de lo que Dios ha hecho en nuestras vidas: Homilía, Basílica de San Pedro, Vigilia Pascual, 30 de marzo de 2013

9. La fuerza para ir contra corriente: Homilía, Plaza de San Pedro, Santa Misa y Confirmación, 20 de abril de 2013

10. Un cristiano nunca puede estar triste: Homilía, Plaza de San Pedro, Domingo de Ramos, 24 de marzo de 2013

11. La Resurrección nos abre a la esperanza: Audiencia General, Plaza de San Pedro, 3 de abril de 2013

Capítulo 9: Ora cada día

1. Déjale espacio a Dios en la oración: Audiencia General, Plaza de San Pedro, 1 de mayo de 2013

2. Déjate mirar por el Señor: Discurso, Plaza de San Pedro, Vigilia de Pentecostés con los movimientos eclesiales, 18 de mayo de 2013

3. Darle a Dios el lugar que le corresponde: Homilía, Basílica de San Pablo Extramuros, 14 de abril de 2013

4. Rezarle al Espíritu: Audiencia General, Plaza de San Pedro, 15 de mayo de 2013

5. Demos un paso adelante en la ley del amor: Audiencia General, Plaza de San Pedro, 12 de junio de 2013

6. Misión y oración: Homilía, Basílica de San Pedro, Santa Misa con los seminaristas, novicios, novicias y cuantos se encuentran en el camino vocacional, 7 de julio de 2013

Capítulo 10: La Iglesia es nuestra familia

1. La Iglesia nace en la Cruz: Audiencia General, Plaza de San Pedro, 29 de mayo de 2013

2. Ora por la Iglesia: Audiencia General, Plaza de San Pedro, 29 de mayo de 2013

3. El Señor nos invita a formar parte de su pueblo: Audiencia General, Plaza de San Pedro, 12 de junio de 2013

4. El fermento de Dios: Audiencia General, Plaza de San Pedro, 12 de junio de 2013

5. La Iglesia no es un movimiento político: Discurso, Plaza de San Pedro, Vigilia de Pentecostés con los movimientos eclesiales, 18 de mayo de 2013

6. La Iglesia es un cuerpo viviente: Audiencia General, Plaza de San Pedro, 19 de junio de 2013

7. ¿Por qué están divididos los cristianos?: Audiencia General, Plaza de San Pedro, 19 de junio de 2013

8. Un ecumenismo del sufrimiento: Discurso a su Santidad Tawadros II, Papa de Alejandría y Patriarca de la Sede de San Marcos, 10 de mayo de 2013

9. La Iglesia existe para evangelizar: Audiencia General, Plaza de San Pedro, 22 de mayo de 2013

10. El testimonio de amor fraterno de la Iglesia: Discurso Regina Caeli, Plaza de San Pedro, 14 de abril de 2013

11. ¡Cuerpo y miembros deben estar unidos!: Audiencia General, Plaza de San Pedro, 19 de junio de 2013

12. No teman a la solidaridad: Homilía, Basílica de San Juan de Letrán, Solemnidad de Corpus Christi, 30 de mayo de 2013

13. ¿Somos piedras vivas?: Audiencia General, Plaza de San Pedro, 26 de junio de 2013

14. En la Iglesia todos somos iguales: Audiencia General, Plaza de San Pedro, 26 de junio de 2013

15. Es imposible creer cada uno por su cuenta: *Lumen fidei*, 39

Capítulo 11: Enfrentar
las pruebas y tentaciones

1. Dios fortalece nuestra debilidad: Homilía, Plaza de San Pedro, Santa Misa y Confirmación, 28 de abril de 2013

2. Dios puede cambiar cualquier situación: Homilía, Basílica de San Pedro, Vigilia Pascual, 30 de marzo de 2013

3. Despojémonos de nuestros ídolos: Homilía, Basílica de San Pablo Extramuros, 14 de abril de 2013

4. Las tribulaciones son parte del camino hacia la gloria de Dios: Homilía, Plaza de San Pedro, Santa Misa y Confirmación, 28 de abril de 2013

5. No tengamos miedo al compromiso: Discurso, rezo del Santo Rosario, Basílica de Santa María la Mayor, 4 de mayo de 2013

6. Elijamos la vida: Homilía, Plaza de San Pedro, Misa de la Jornada Evangelium Vitae, 16 de junio de 2013

7. Pidamos la gracia de la unidad: Audiencia General, Plaza de San Pedro, 19 de junio de 2013

8. ¿Creo unidad o división?: Audiencia General, Plaza de San Pedro, 22 de mayo de 2013

9. El paso de la esclavitud a la libertad: Mensaje Urbi et Orbi, Domingo de Pascua, 31 de marzo de 2013

Capítulo 12: Vivir como hijos de Dios

1. No somos cristianos a tiempo parcial: Audiencia General, Plaza de San Pedro, 15 de mayo de 2013

2. Dar fruto en el mundo real: Homilía, Plaza de San Pedro, Misa de la Jornada Evangelium Vitae, 16 de junio de 2013

3. Qué significa ser cristiano: Audiencia General, Plaza de San Pedro, 10 de abril de 2013

4. Pongan su vida en juego por grandes ideales: Homilía, Plaza de San Pedro, Misa y Confirmación, 28 de abril de 2013

5. ¿Actuamos según Dios? Audiencia General, Plaza de San Pedro, 8 de mayo de 2013

6. La dignidad de los hijos de Dios: Audiencia General, Plaza de San Pedro, 10 de abril de 2013

7. No caminemos solos: Diálogo con los estudiantes de las Escuelas Jesuitas de Italia y Albania, Sala Pablo VI, 7 de junio de 2013

8. La valentía de la fe: Audiencia General, Plaza de San Pedro, 10 de abril de 2013

9. El trabajo nos colma de dignidad: Audiencia General, Plaza de San Pedro, 1 de mayo de 2013

10. Un corazón atento a lo que Jesús dice: Diálogo con los estudiantes de las Escuelas Jesuitas de Italia y Albania, Sala Pablo VI, 7 de junio de 2013